AF641890

Monika Klages

Mini-Projekte für die Kita

Das bin ich
Waldtiere
Jahreszeiten
& Co.

Kaufmann Verlag

Liebe Leserinnen und Leser!

Projektarbeit im Kindergarten ist für uns Pädagogen natürlich stets eine kleine Herausforderung. Aber die Kinder erobern sich ihre Themen mit viel Spaß und Wissensdrang und bereiten damit nicht nur sich selbst, sondern auch uns viel Freude. So entstehen spannende, interessante und vor allem ganz unterschiedliche Projekte, die über einen längeren Zeitraum den Alltag der Gruppe leiten können.

Die Projektarbeit in unserem Kindergarten ist geprägt durch die Reggio-Pädagogik, für die ich mittlerweile selbst Fortbildungsveranstaltungen gebe. Warum mir diese Art von Pädagogik, die ihren Fokus auf das Kind legt, so wichtig ist? Dafür gibt es drei zentrale Punkte:

- die Partizipation der Kinder bei der Themenwahl und ihr andauernder Einfluss auf die Entwicklung eines Projekts,
- die Aneignung von Wissen durch Hypothesenbildung, Ausprobieren und Erkunden,
- die fortwährenden Diskussionen in der Gruppe und schließlich die Dokumentation der Projekte, die auch die Basis für das vorliegende Buch bildet.

Besonders der dritte Punkt ist hierbei von Bedeutung: Die Kinder dokumentieren den Fortgang und alle Ergebnisse unserer Projekte selbst – und zwar in der einmaligen Art und Weise, in der Kinder die Welt erfahren. Nicht das Künstlerische und nicht der Zugang zur Welt der Bildung und des Wissens stehen so im Vordergrund – auch wenn diese Prozesse wichtig sind –, sondern die aktive und führende Rolle, die das Kind übernimmt. Lassen wir den Kindern die Möglichkeit, den Raum und die Freiheit, sich ihr Weltwissen selbst anzueignen, und begleiten wir sie auf diesem Weg, anstatt sie zu führen.

Meine Arbeit und die meiner Kolleginnen wäre nicht möglich gewesen ohne den Einsatz der langjährigen Leiterin der Kita, Uta Altevogt, die ideale Rahmenbedingungen für diese Form der Projektarbeit geschaffen hat. Und auch die Motivation meiner Kolleginnen hat dafür gesorgt, dass dieses Buch entstehen konnte.

Ich wünsche Ihnen viel Spaß bei der Lektüre der Mini-Projekte und vor allem natürlich beim gemeinsamen Erforschen, Entdecken und Erleben der Themen mit den Kindern.

Monika Klages

Das bin ich und das bist du

Ein Projekt, um sich selbst und andere (besser) kennenzulernen

Wer schon einmal mit Kindern ein Faschingsfest vorbereitet und durchgeführt hat, weiß, wie aufregend es für sie ist, sich zu verkleiden. Wir beobachten bei so einer Gelegenheit, dass sich die Kinder in ihren Verkleidungen immer wieder im Spiegel betrachten, sich davor hin- und herdrehen. Gerne probieren sie neue Kostüme und Accessoires aus, setzen sich manchmal Masken oder Hüte auf und sind dann jemand anderes. Sollen wir aufgrund unserer Beobachtung ein Projekt starten, bei dem die Kinder sich selbst, ihren Körper, ihr Aussehen und ihre Gefühle noch besser kennenlernen und sich auch gleichzeitig selbst mit anderen vergleichen können?

So bin ich!
Identitätsleisten und Körperbilder

Material:
- Malpapier
- Klebestreifen
- Buntstifte
- Aus dem Internet ausgedruckte oder selbst gemachte Fotos von Hobbys und Interessen der Kinder
- Papierrolle
- Bleistift
- Flüssige Farbe
- Malerrolle
- Schere

Identitätsleiste von Julia: Sie hat ihre Augenfarbe möglichst genau nachgestaltet und trägt auf dem Bild ihren Lieblingspulli

Der Stuhlkreis bietet eine gute Gelegenheit, die Kinder zu fragen, ob sie sich mit ihrem Körper und ihrem Aussehen beschäftigen wollen. Das möchten sie gerne, denn eigentlich sind sie schon mit diesem Thema beschäftigt; sie haben sich geschminkt, ihr Aussehen verändert und sich dabei gegenseitig beobachtet. Deshalb nennen wir das Projekt „Das bin ich und das bist du". Den Auftakt bildet ein Gespräch mit den Kindern über ihren eigenen Körper: Zum Beispiel sprechen wir über äußerliche Auffälligkeiten, die uns gefallen, und darüber, was wir über unseren Körper wissen.

Mit jedem einzelnen Kind erstellen wir eine „Identitätsleiste" – das ist ein längliches Blatt Papier von ca. 11 cm Breite und 47 cm Länge, auf dem sie sich selbst skizzieren, ihre Augenfarbe darstellen, einen Handabdruck hinterlassen und Bilder aufkleben, die ihre Interessen und Vorlieben wiedergeben.

Um einen Kinderkörper in seiner vollen Größe darstellen zu können, haben wir eine große Papierrolle beschafft. Ein Kind legt sich auf das ausgerollte Papier und mit einem Bleistift umranden andere Kinder die Kontur des Körpers. Die dabei umrissene Fläche färben die Kinder mittels einer Malerrolle in einem Ockerfarbton ein, lassen das Papier trocknen und schneiden zum Schluss die Figur aus. Wir befestigen sie am Fenster unseres Gruppenraums.

Gipsabdrücke von Nasen: Es wird schnell klar – jede Nase ist anders

Mitten im Gesicht und wenig beachtet
Was können unsere Nasen?

Wir befassen uns mit Nasen – hier geht es nicht nur um deren Aussehen, sondern auch um die Aufgabe der Nase. Deshalb befragen wir die Kinder, was ihre Nasen gern mögen und was diese überhaupt nicht mögen. Wir erhalten so viele verschiedene Antworten, wie es Kinder in der Gruppe gibt. So antwortet Kalle zum Beispiel: „Meine Nase riecht gern, was schön riecht, und was Stinkendes mag sie nicht so gern, zum Beispiel Müll. Brot riecht sie gern. Manchmal juckt meine Nase einfach nur." Niklas erzählt: „Durch meine Nase geht Luft durch. Die riecht gern Fisch."
Mit einem Geruchs-Kimspiel prüfen wir die olfaktorische Wahrnehmung der Kinder. Dazu füllen wir kleine Schälchen mit Erdbeermarmelade, Brot, Senf, Zitrone, Zahncreme und Duschgel und die Kinder diagnostizieren den Inhalt mit geschlossenen oder verbundenen Augen nur durch Riechen.
Was unsere Nasen können? Wir notieren die Aussagen der Kinder und fassen zusammen: riechen, niesen, schnarchen, atmen, kribbeln, kräuseln, wackeln und wachsen.
Fast alle Kinder sind bereit, sich ihre Nasen eingipsen zu lassen. Wir legen anhand der Gipsabdrücke eine Nasengalerie an, sie ermöglicht den Kindern, die unterschiedlichen Nasenformen zu vergleichen: Jeder hat eine Nase, aber alle eine andere.

So sehe ich aus?
Selbstporträts mit Augenbrauen

Material:
- Spiegel
- Bleistift
- Buntstifte

Die Kinder zeichnen ihre eigenen Gesichter. Ein von beiden Seiten zu benutzender Spiegel, den man zwischen zwei gegenübersitzenden Kindern auf den Tisch stellen kann, ermöglicht ihnen, Selbstporträts zu zeichnen. Das gelingt ihnen bereits recht gut, aber wir stellen fest, dass die Kinder ihren Hals und ihre Augenbrauen nicht gezeichnet haben. Deshalb fordern wir sie auf, ihren Hals zu berühren und auch die Brauen. Das machen sie sofort und in kurzer Zeit fügen sie ihren Bildern das fehlende Körperteil und die Augenbrauen hinzu. Mit Augenbrauen haben sich die Kinder bisher noch kaum beschäftigt, dabei sind sie sehr wichtig: Hätten wir keine Brauen, würde uns das Wasser bei Regen oder beim Waschen direkt in die Augen laufen.
Die Kinder beschreiben ihre Augen- und Haarfarbe. Isabelle erklärt: „Ich habe blaue Augen, ich bin blond." Kalle sagt: „Ich bin der Größte in der Gruppe, ich habe braune Augen und schwarze Haare." Hannah erzählt uns: „Ich habe blaue Augen und goldbraune Haare." Die Kinder haben offenbar schon eine gute Vorstellung von ihrem eigenen Aussehen.

Ich mal mich von halb auf ganz
Selbstdarstellungen mit Fotos

Material:
- Fotos
- Zeichenpapier
- Bleistifte, Buntstifte

Wir bieten den Kindern eine weitere Variante an, sich selbst zu malen – nämlich indem sie eine Selbstdarstellung mithilfe von Fotos zeichnen. Wir fotografieren die Kinder und lassen Abzüge in den Größen 10 x 14,5 cm machen. Wir schneiden die Fotos in der Mitte durch und kleben sie auf Zeichenpapier. Die Kinder ergänzen die fehlenden Hälften nur durch Malen und Zeichnen. Die Aufgabe stellt eine Herausforderung für die Kinder dar, aber sie beschäftigen sich gern mit ihrer eigenen Darstellung.

Selbst fertig gemalt: Die Kinder zeichnen halbe Selbstportraits

Rechte und linke Hände

Die Hände bekommen ihren Platz im Projekt

Bei unserem Projekt setzen wir uns auch ausgiebig mit den Händen auseinander. Die Hände sind das wichtigste Werkzeug des Menschen. Mit ihnen gestaltet er seine Umwelt, erkundet, erspürt, verändert sie und formt Dinge. „Was können unsere Hände?" Die Antworten der Kinder sind vielseitig: „greifen, fassen, kitzeln, malen, schreiben, tragen, aufräumen, kleben, basteln, schneiden, pinseln, Kissenschlacht machen, bauen, puzzeln, drücken, streicheln, halten, spielen, hauen, hämmern, Schneebälle formen, ‚Hallo' sagen, arbeiten, turnen, festhalten, wischen, klatschen, boxen, schnipsen, Flöte spielen, Musik machen, Essen zum Mund führen, werfen, kneifen, fangen, Kerzen anzünden, zufassen, tragen ..."

Und woran erkenne ich meine linke und meine rechte Hand? Isabelle: „Meine rechte Hand ist die, mit der ich male und baue. Mit der linken Hand wird das immer krickelig." Clara hat einen anderen Trick, sich das zu merken: „Ich habe auf der linken Hand drei Leberflecke. Manchmal sagt mir auch Mama das. Zu Hause weiß ich es, weil auf der rechten Seite der Wand der Backofen ist und auf der linken ein Fenster." „Ich weiß es nicht genau, mit der einen Hand kann ich besser malen, aber ich weiß jetzt nicht, welche das ist, dass muss ich mal ausprobieren", sagt Fabian. Und Gianna meint: „Ich weiß das aus meinem Kopf, der sagt mir das dann immer. Mama und Papa haben es mir ganz lange gesagt und jetzt weiß ich es halt. Mit rechts kann ich besser malen als mit links."

Die Kinder malen ihre Hände per Handumrandung – und zeichnen dazu, wie sie ihre Hände gern verschönern möchten

Ein Spiel für beide Hände
Fingerspiel „Zehn Finger"

1, 2, 3, 4, 5, 6, 7, 8, 9, 10.
Zehn Finger haben wir
an beiden Händen hier.
Seht, wie freundlich sie sind,
sie spielen mit jedem Kind.

Beugen und strecken sich,
grüßen sich freundlich,
legen sich Hand in Hand.
Falten sich gewandt,
wollen nun nichts mehr tun,
nur noch im Bettchen ruh'n.

Erste Strophe: *beide Fäuste hochhalten, dann aus den Fäusten die einzelnen Finger der Reihe nach lösen und mitzählen bis zur Zehn. Danach mit allen Fingern wackeln.*

Zweite Strophe: *Finger knicken/beugen und wieder strecken, mit den Händen winken, sich selbst die Hand geben, die Hände wie zum Gebet falten. In den letzten beiden Zeilen die Hände hinter dem Rücken verstecken und Schnarchgeräusche machen.*

Dieses Fingerspiel können die Kinder natürlich auch nach eigenen Ideen begleiten und umsetzen.

Sachwissen: Das Zusammenspiel von Hirn und Händen

Warum sind unsere Hände so empfindlich und geschickt? Heute wissen Wissenschaftler, dass die besondere Geschicklichkeit unserer Hände mit dem aufrechten Gang zusammenhängt. Durch das Aufrichten brauchte der frühe Mensch seine „Vorderläufe" nicht mehr, um sich fortzubewegen. Und damit begann eine komplexe Wechselbeziehung zwischen Gehirn und Händen – und seltsamerweise vor allem zwischen Gehirn und einer bestimmten Hand. Ob ein Mensch Rechtshänder oder Linkshänder ist, das sagt unter Umständen auch etwas über sein Denken aus. Warum? Die linke Körperhälfte mit allen ihren Körperteilen hängt mit der rechten Gehirnhälfte zusammen. Und genauso lenkt die linke Gehirnhälfte die rechte Körperseite, denn die Informationen und Leistungen vom Gehirn zum Körper laufen über Kreuz. In der linken Hirnhälfte, die also die rechte Hand lenkt, befinden sich Zentren für Sprache und logisches Denken. Die rechte Hirnhälfte dagegen spielt eher bei ganzheitlichem Erfassen, bei Orientierung und der Intuition eine Rolle.

Ganz unten am Körper

Eine Taststraße für die Füße

Material:

- Bierdeckel
- Korken
- Teppich
- Rindenmulch
- Märchenwolle
- Styropor

Wir schauen unsere Füße ganz genau an, sprechen mit den Kindern über Füße und darüber, was die Füße außer einfach zu gehen noch alles können. Aussagen der Kinder: „Meine Füße können trampeln, gehen, hüpfen, stehen, rennen, balancieren und da sind Zehen dran, fünf Stück mit Fußnägeln, manchmal ist da Nagellack drauf."

Auf einer Taststraße können die Kinder mit ihren Füßen Sinneserfahrungen auf verschiedenen Untergründen sammeln. Unsere Taststraße besteht aus acht Holzrahmen, die wir extra für diesen Zweck hergestellt haben. Man kann aber auch große Deckel (ca. 50 x 50 cm) von Kartons einsetzen. Jeden Rahmen füllen wir mit einem anderen Material, beispielsweise mit Rindenmulch, Märchenwolle oder Korken, und ordnen die Rahmen im Kreis an. Spannend wird es für die Kinder, wenn sie mit verbundenen Augen, geführt durch ein Kind, über die Taststraße gehen und versuchen zu erraten, worauf sie gerade laufen.

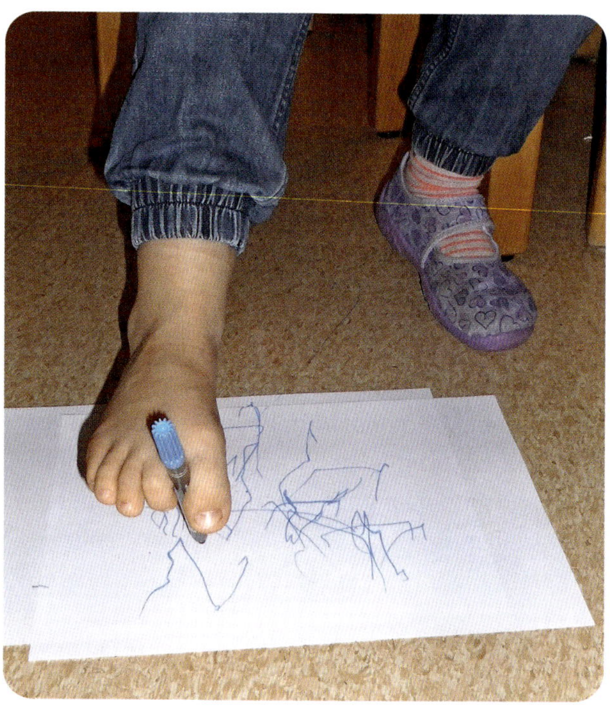

Mit den Füßen malen und dabei herausfinden, wer Rechts- und wer Linksfüßler ist

Sachwissen: Vier interessante Fakten über unsere Füße

1) Füße sind sensibel:
In unseren Füßen befinden sich mehr Sinneszellen als in unserem Gesicht.

2) Füße sind ein anatomisches Meisterwerk:
Mit 30 Knochen, etwa 30 Gelenken, 60 Muskeln, mehr als 100 Bändern und über 200 Sehnen bilden sie das stützende Fundament für unseren gesamten Körper, dem sie ein Leben lang ermöglichen, das Gleichgewicht zu halten und sich fortzubewegen.

3) Füße sind echt fett:
Die Sohle unserer Füße ist eine sehr wichtige Konstruktion. In ihr befindet sich ein Fettpolster. Dieses ist enorm wichtig, um die Belastungen beim Gehen und Laufen abzufedern.

4) Füße lieben das Rollen:
Das automatische Abrollen der Fußsohle ist für Erwachsene völlig selbstverständlich – und eine Hauptvoraussetzung für das langsame Gehen. Doch kleine Kinder müssen es oft erst lernen. In ihren ersten Lebensjahren setzen sie ihre Füße oft nur mit den Zehenspitzen auf. Sehr häufig setzen sie auch die gesamte Fußsohle gleichzeitig auf.

Geheimnisvolle Körpervorgänge

Von Schluckauf bis Gänsehaut

Im Laufe des Projektes beginnen die Kinder, sich auch für „geheimnisvolle" Körpervorgänge zu interessieren, zum Beispiel für den Schluckauf. Dazu berichtet Mia: „Manchmal kriege ich Schluckauf, wenn ich so viel trinke, bestimmt habe ich mich dann verschluckt und darum heißt das so." „Mich hat mal Schluckauf genervt, weil ich immer gesprochen habe und dann kam das einfach dazwischen", sagt uns Melina.

Auch das Geheimnis der Gänsehaut interessiert die Kinder. So erklärt Feli: „Gänsehaut kriegt man, wenn man nichts anzieht und die kalte Luft darankommt." „Wenn ich ins kalte Wasser gehen muss, hab ich das auch", fügt Kalle hinzu. Gemeinsam informieren wir uns in Internet und Sachbüchern über diese Körpervorgänge und kommen interessanten Zusammenhängen auf die Spur.

Sachwissen: Schluckauf und Gänsehaut

Beide Körperreaktionen kommen ohne unseren willentlichen Einfluss zustande. Schon Babys im Bauch der Mutter können Schluckauf bekommen. Ein Schluckauf ist meistens harmlos. Die Ursachen sind beispielsweise eine kurzfristige Überdehnung des Magens durch hastiges Essen oder Trinken oder wenn man sich über etwas aufregt. Der Zweck des Schluckaufs ist auch Wissenschaftlern nicht bekannt. Dafür gibt es regional sehr witzige Bezeichnung für den Schluckauf, beispielsweise „Schnackler", „Gluckser", „Gluggsi", „Hickser" oder „Schlicks".

Auch die Gänsehaut ist wissenschaftlich nicht völlig erklärbar. Wir erfahren aber, dass sich Gänsehaut nur auf behaarten Körperoberflächen bilden kann (also beispielsweise nicht an den Fußsohlen) und dass sich dabei die kleinen Härchen aufstellen. Vielleicht damit mehr Luft zwischen den Härchen eingeschlossen werden und im Falle des Frierens wärmen kann, ähnlich wie beim Aufplustern der Vögel, die Luft unter ihr Federkleid pumpen, um nicht zu frieren. Warum man allerdings bei schöner Musik oder emotional aufwühlenden Erlebnissen eine Gänsehaut bekommt, das ist nicht geklärt.

Merk mal!

Kimspiele für Haut und Hände

„In einen Körper reinhören?
Das kann, glaub ich, nur der Arzt
mit seinem Stethoskop."
(Niki)

Spiele für Hände und Haut bieten wir den Kindern im Sitzkreis an: Einem Kind werden die Augen verbunden und nacheinander wird die Haut des Kindes mit einem Wattebausch, einem Zahnstocher und einem Eiswürfel berührt. Erkennt es, was da gerade auf seiner Haut ist?
Auch ein anderes Hinfühlspiel lässt sich ganz leicht vorbereiten: Unterschiedliche Gegenstände werden unter einer Decke versteckt und ein Kind versucht mit den Händen einen Gegenstand zu ertasten und zu beschreiben. Die Kinder verstehen: Mit den Händen kann man „sehen".

Sachwissen: Haptische Wahrnehmung, Haut und taktile Erfahrungen

Weich, hart, kühl, warm, nass oder kalt, kratzig, spitz, scharf, glatt, zart, klebrig, rutschig, schleimig, trocken, faserig, rau ... Der Sinn, mit dem wir all diese Erfahrungen machen können, das Anfühlen von Dingen, heißt auch „haptische Wahrnehmung". Temperaturen, Schmerz, Druck, Materialunterschiede – alle diese Reize kann unsere Haut unterscheiden und erkennen. Wenn man etwas berührt, senden winzige Tastkörperchen in der Haut eine Botschaft an das Gehirn. Unser gesamter Körper ist mit dem Wunderstoff Haut bedeckt und damit ist unsere Körperoberfläche ein einziger riesiger Sinn. Alle unsere Sinne helfen dem Gehirn, Dinge wahrzunehmen, vor allem, weil sie gemeinsam harmonieren. Ganz auf sich allein gestellt, könnte uns ein Sinn auch täuschen. Erst durch das Zusammenspiel der Sinne kann das Gehirn Eindrücke verarbeiten und mit bereits gesammelten Erfahrungen kombinieren.

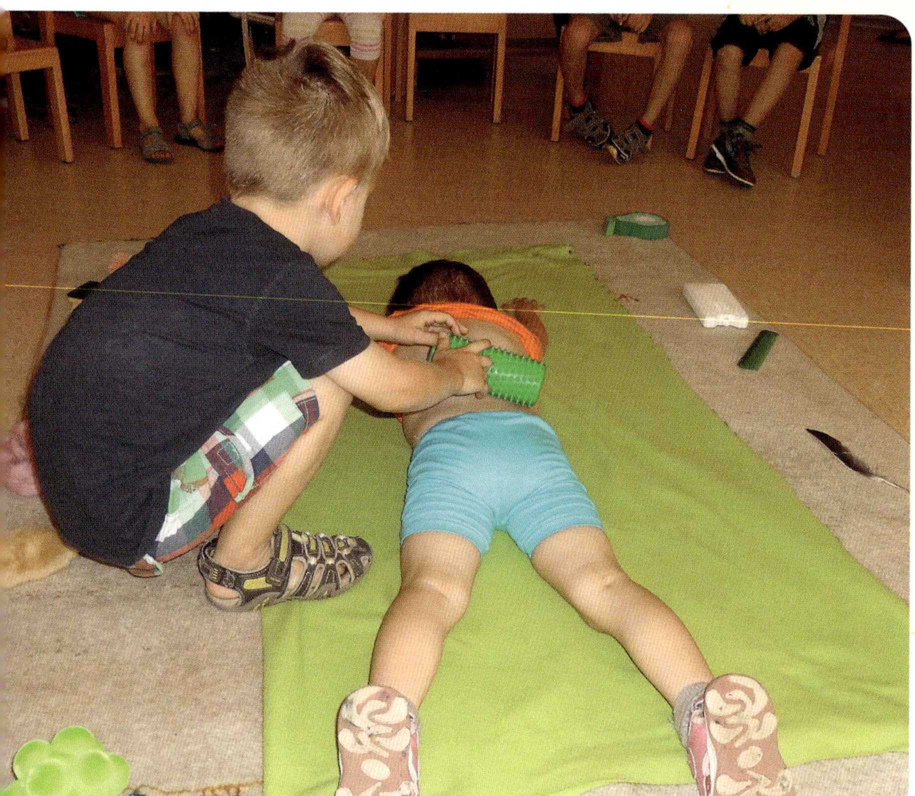

Was ist denn gerade auf meiner Haut?
Ein taktiles Gänsehaut-Ratespiel

Wie die Gefühle nach draußen kommen

Gesichtsausdrücke erkennen und deuten

Welchen Gesichtsausdruck und welche Körperhaltung nimmt man ein, wenn man sich freut? Oder wenn man über etwas ganz Lustiges lacht? Wenn man traurig ist? Wenn man so richtig wütend ist? Wir fotografieren die Kinder, während sie uns ihre Ideen dazu vorführen. Mit den fertigen Fotos stellen wir eine Fotomontage her. Wir sehen uns die Bilder an und sofort findet unter den Kindern ein reger Austausch anhand der dargestellten Gesichtsausdrücke statt. „So gucke ich, wenn ich böse bin“, „... ängstlich bin!“, „... mich erschreckt habe!“, „... sauer bin!“, „... ganz wütend bin!“, „... beleidigt bin!“, „... was ganz doof finde!“, „... entsetzt bin!“, „... traurig bin!“, „... wenn ich gelangweilt bin und nicht weiß, was ich machen soll, ist mein Mund ganz gerade.“

Als wir die Kinder befragen, ob sie in sich hineinhören oder fühlen können, was sie brauchen, damit es ihnen gut geht, erhalten wir viele differenzierte Antworten. So sagt uns Feli: „Ich merke, wenn ich was essen oder trinken muss. Gekuschelt werden fühlt sich gut an, das merke ich.“ Clara erzählt: „Ich will immer nicht allein sein, das spüre ich. Gut fühle ich mich, wenn meine Freundinnen mit mir spielen. Ich kann auch fühlen, wenn ich friere, weil sich das nicht gut anfühlt.“ Niki fällt ein: „Wenn ich brechen muss, das fühle ich und das fühlt sich nicht gut an. Sonst kann ich nur fühlen, was meinem Körper guttut, zum Beispiel wenn ich in den Pool springen kann. In einen Körper reinhören kann, glaube ich, nur der Doktor mit seinem Stethoskop. Der kann hören, was da drinnen los ist.“

Grimassen sind mehr als nur einfach lustig – sie sind Teil der sozial-emotionalen Bildung

Sorgenfresser und ein neues Memory

Material für ein Memory:
- Blanko-Memorykarten
- Filzstifte

Als ein Kind über seine beklemmenden Albträume berichtet, entwickeln die Kinder die Idee, „Angst- und Sorgenfresser" aus Kartons zu bauen. Bevor wir mit der Gestaltung der Kartons beginnen, befassen wir uns mit Gesichtsausdrücken, Mimik und Grimassen.

Wie sehe ich aus, wenn ich wütend bin, wenn ich traurig bin, wenn ich lustig bin? Die Kinder versuchen diesen Gefühlen Ausdruck zu verleihen, sie machen entsprechende Gesichter. Wir fotografieren jedes Kind mit einem wütenden, traurigen und lustigen Gesichtsausdruck und lassen Abzüge machen. Diese benutzen die Kinder als Vorlage für ein Emotionsmemory. Mit Filzstiften malen die Kinder Gesichter, die eine bestimmte Gefühlslage darstellen.

Die Kinder machen Stimmungen und Gesichtsausdrücke vor, hier: hochnäsig

Hier haben sich die Sorgenfresser versammelt und warten auf leckere Ängste und Sorgen

Material für Sorgenfresser:

- Kartons
- Verschiedene Papiersorten
- Bänder
- Pfeifenputzer
- Stoffreste
- Tonkarton, Fotokarton

Sorgenfresser bauen die Kinder aus Schuhkartons; sie haben die Wahl zwischen Kartons von Kinderschuhen bis zu denen von Erwachsenenstiefeln. Zum Bekleben nehmen die Kinder knallbuntes Papier, darunter auch farbenfrohe Papierstreifen und Geschenkpapier. Für die angeklebten Beine aus gemustertem Bastelkarton und für die Augen wählt jedes Kind sein eigenes Material. Einige nehmen Wackelaugen, andere ziehen silberne Knöpfe vor oder schneiden aus dunklem Karton Kreise aus; auch zerschnittene Pfeifenreiniger kommen zum Einsatz. Zerschnittenes Papier stellt zerzauste Haare dar. Auf diese Weise entstehen individuelle, bunte Sorgenfresser, die das Gemüt erheitern und so Sorgen einfach wegfuttern.

Kinderporträts in der bildenden Kunst

Andere wahrnehmen und beurteilen

Mit den Kindern schauen wir uns Kinderbildnisse berühmter Maler aus verschiedenen Jahrhunderten an und lenken die Aufmerksamkeit auf das für sie so wichtige Thema „Freundschaft". Nun sollen sie sich äußern, ob ein Gemälde ihnen gefällt und ob sie mit dem abgebildeten Kind befreundet sein könnten. Sehr aufmerksam betrachten die Kinder die Bilder, einige gefallen ihnen, andere mögen sie nicht und manche rufen sogar Abscheu in ihnen hervor. Nach einiger Zeit treffen sie ihre Wahl, welches Bild ihnen am besten gefällt, um es dann abzumalen. Isabelle nimmt die Abbildung von Franz von Lenbach, „Mädchen mit Katze" (1903), Gianna findet Gefallen an dem Bild von Pierre-Auguste Renoir, „Kind mit Peitsche" (1885), Hannahs Wahl fällt auf das Kinderbildnis von Paulus Moreelse, „Het Meisje" (1625), und Kalle entscheidet sich für eine Prinzendarstellung von Velázques, „Prinz Baltasar Carlos zu Pferde" (1635). Die Kinder zeichnen die Kinderdarstellungen ab und kolorieren sie mit Buntstiften.

Und warum habt ihr euch gerade dieses Bild ausgesucht? Isabelle beginnt: „Wegen der Katze, das Mädchen ist auch gut." Gianna erklärt: „Wegen der Farben." Hannah meint: „Weil es eine Prinzessin ist" und Kalle sagt: „Weil die Ärmel so golden sind." Daraufhin betrachten sie noch einige Porträts und Abbildungen aus unserem Kunstband. Ihnen gefällt ein Bild von Friedrich Wilhelm Herbig, „Die Familie des Künstlers" (1824), alle abgebildeten Kinder und die Mutter sind sehr schön dargestellt und vermitteln einen heiteren Ausdruck. Ein Bild von Max Liebermann, „Eva", finden sie abschreckend. Dann stoßen wir auf das berühmte Gemälde von Thomas Gainsborough, „The Blue Boy" (1770); die Kinder sehen sich das Bild an und wir fragen sie, was sie über diesen Jungen denken. Kalle antwortet prompt: „Der sieht aus, als ob er angibt." Darauf gehen wir ein und überlegen, wie dieser Ausdruck zustande kommt. Auch Isabelle, Gianna, Kalle und Hannah stellen sich so hin wie „The Blue Boy". Da wir gerade keinen großen Hut zur Hand haben, nehmen die Kinder ihr rundes Sitzkissen als Ersatz in die Hand und nehmen die Pose ein. Vielleicht spüren sie an der Haltung den Ausdruck des „Angebens".

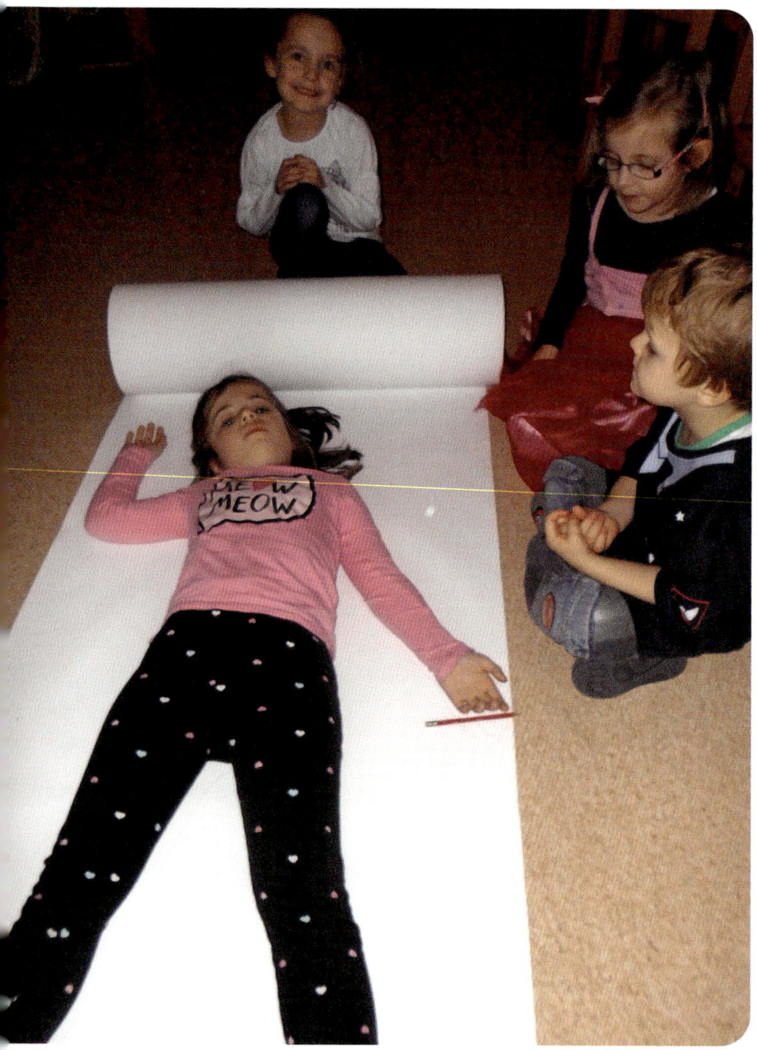

Manchmal beschreiben mich andere anders als ich mich selbst – das fällt den Kindern beim Ganzkörpermalen auf

Bin ich so stark!

Abschluss und Fazit

Um unser Projekt für die Kinder mit einer positiven Selbstwahrnehmung abzuschließen, machen wir einen Ausflug zu einem Fitnessparcours in den nahe gelegenen Kurpark. Hier erleben die Kinder, wie sie spielerisch ihre Geschicklichkeit erproben können, sie spüren ihre Körperstärke und nehmen ihre Beweglichkeit wahr. Diese wunderbaren Erlebnisse und Emotionen teilen sie mit der ganzen Gruppe.
In diesem Projekt konnten sich die Kinder intensiv mit ihrem eigenen Körper und mit ihrem „Ich" auseinandersetzen. Das Gefühl für das „Ich" ist die Voraussetzung für das Selbstwertgefühl eines Menschen. Durch die vielen Facetten dieses Projektes, in denen wir die kindlichen Interessen mit künstlerischen, körperlichen und erzählerischen Angeboten verflechten konnten, unterstützten wir die Bildung des eigenen „Ich" bei den Kindern.

Riech mal! Ein Kimspiel macht allen Kindern Spaß

So könnte Ihr „Das-bin-ich-Projekt" weitergehen:

Augenblick mal:

Welche Augenfarbe habe ich? Die Kinder suchen sich aus einem großen Angebot an Buntstiften die Farben aus, die ihren Augen entsprechen. Sie malen ihr Gesicht und malen ihre Augen mit der annähernd „richtigen" Farbe. Noch spannender wird's, wenn die Kinder zu Hause auch die Augenfarben der Eltern malen und mit in die Kita bringen. Von wem haben die Kinder wohl ihre Augenfarbe geerbt?

Wie sehe ich mit meinen Augen?

Wie sehen wir mit unseren Augen? Wie sehen Tiere? Gibt es einen Unterschied? Was sehen wir in der Dunkelheit? Was in der Ferne? Wie sehen Farben bei hellem Licht aus und wie, wenn es dunkel ist? Wie ist es, wenn man blind ist? Dazu passen Spiele zur visuellen Wahrnehmung, aber auch Spiele wie „Blinde Kuh" und optische Täuschungen wie Spiralen und Regenbogenkreisel, die die Kinder selbst gestalten können.

Noch mehr Optik:

Was in der Physik Optik genannt wird, heißt bei uns „Spaß mit Lupen". Mit Lupen können Sie eine große Auswahl an Versuchen durchführen. Vom Vergrößern über das Lichtbündeln und „Brennen" bis hin zu Licht in Regenbogenfarben. Schauen Sie auch gemeinsam nach: In welchen Geräten stecken Lupen oder Linsen?

Frühling und Ostern

Wenn Natur und Osterhase erwachen

Wie so oft beginnt unser neues Projekt mit einem Blick aus dem Fenster. Wenn die Kinder jetzt aus dem Fenster ihres Gruppenraums schauen, sehen sie einen schön blühenden Baum: Es ist eine „gewöhnliche" Traubenkirsche, aber mit ihren hellgrünen Blättern und den prächtigen weißen Blütentrauben sieht sie gar nicht so gewöhnlich aus. Außerdem entdecken die Kinder eine besondere Blume in unserem Blumenbeet. Hier blüht eine Perlhyazinthe, die mit ihren unzähligen blauen Kugelblüten großen Eindruck auf die Kinder macht. Farben, Duft und wärmere Temperaturen: Das möchten die Kinder am liebsten mit nach drinnen nehmen.

Traubenkirschenwunder
Eine Malaktion für die jüngeren Gruppenkinder

Material:
- Äste eines blühenden Strauchs
- Buntstifte
- Zwei Teller
- Hell- und dunkelgrüne Buntstifte
- Zeichenpapier
- Gelbe und blaue Farbe (Gouache)
- Stabiles Malpapier
- Palette
- Borstenpinsel
- Weiße flüssige Farbe
- Korken
- Ausgestanzte Blüte aus Moosgummi
- Farbiger Karton
- Wattestäbchen

Wie fängt man Traubenkirschenduft und Frühlingsgefühle ein? Auf Papier und mit Wattestäbchen

Die jüngeren Kinder in der Gruppe, alle drei Jahre alt, bekommen ein Farbenrätselspiel: Auf dem Boden liegen Buntstifte in allen Farben und die Kinder können auf zwei hellgrünen Tellern die Stifte nach Farben sortieren; auf einen Teller sollen die hell- oder dunkelgrünen Buntstifte gelegt werden, auf den anderen alle übrigen. Die Kinder machen sich gemeinsam an die Arbeit und bewältigen diese Aufgabenstellung. Dann nehmen wir die grünen Stifte und setzen uns gemeinsam mit den Kindern an den Tisch. Auf diesem stehen in einem Glas kleine Äste der Traubenkirsche mit hellgrünen Blättern und weißen Blüten, die wir im Kitagarten abgeschnitten haben. Wir betrachten sie mit den Kindern und stellen fest, dass das helle Grün der Blätter der Farbe der hellgrünen Buntstifte entspricht.

Nun haben wir eine Überraschung für die Kinder: Aus den Grundfarben Gelb und Blau soll ein hellgrüner Farbton gemischt werden. Auf einer Palette erhalten sie gelbe Gouachefarbe (Gelbgold) und eine geringere Menge blauer Farbe (Primärblau). Die Kinder vermischen die beiden Farben und tragen sie auf weißen Malgrund auf. Sie staunen, dass aus zwei Farben eine neue entsteht. Jetzt mischen sie auf ihren Paletten eine größere Menge Hellgrün und gehen damit an die Staffelei. Hier tragen sie die Farbe mit einem dicken Pinsel auf. Die Bilder werden geföhnt und wir lassen sie zunächst an der Staffelei hängen. Nun fehlen noch die wunderbaren weißen Blüten mit den kleinen gelben Staubgefäßen. Die Kinder gehen wieder an den Tisch und vor ihnen liegen ein breiter Streifen farbiger Fotokarton, ein Stempel aus einem Korken mit einer ausgestanzten Blüte aus Moosgummi und auf einem Teller ein Klecks weißer Farbe. Mit dem von uns selbst hergestellten Stempel drucken die Kinder weiße Blüten auf den farbigen Untergrund. Ihr Blatt ist übersät mit Blüten – nun fehlen noch die gelben Punkte in der Mitte der Blüte. Dafür bekommt jedes Kind ein Wattestäbchen und gelbe Farbe. Die Kinder versuchen die Punkte genau in die Mitte der Blüten zu setzen. Mit großer Ausdauer widmen sie sich dieser Aufgabe. Die Kinder staunen selbst, was sie an diesem Vormittag alles gemalt und gestaltet haben.

Ein besonderer Frühblüher
Die Perlhyazinthe im Atelier

Material:
- Gelbe und blaue flüssige Farbe
- Stabiles Malpapier
- Palette
- Pinsel
- Wattestäbchen

Eine Perlhyazinthe haben wir vom Beet mit nach drinnen genommen. Diesmal sind die älteren Kinder in der Gruppe dran: Sie benennen die Farben der Blätter und die der kugelförmigen kleinen Blüten. Jedes Kind riecht an den Blüten und nimmt deren zarten Duft wahr. Aber wie malt man bloß diese vielen blauen Blüten, fragen sie sich.

Die Kinder lernen auch hier durch Ausprobieren, wie aus gelber und blauer Farbe ein grüner Farbton entsteht. Sie mischen die beiden Farben, bis sie einen hellgrünen Farbton erzielt haben. Dann malen die Kinder mit einem Pinsel einen hellgrünen Stängel. Im Anschluss daran zeigen wir ihnen, wie man mit Wattestäbchen kleine Punkte erzeugt, die den Blüten der Pflanze sehr ähnlich sind.

Hinweis: Wie fast alle Frühblüher ist auch die Traubenkirsche giftig. Achten Sie darauf, dass die Kinder kein Teil der Pflanze in den Mund nehmen.

Selbst gemischtes Grün für den Perlhyazinthenstängel

Klein, rot, rund?
Spiele mit … Erdbeeren

Die ersten Früchte im Frühling, die man kaufen oder auch selbst pflücken kann, sind Erdbeeren. Wir fahren mit der Gruppe auf ein Erdbeerfeld und ernten so viele Früchte, dass wir, nachdem wir uns satt gegessen haben, auch noch Marmelade herstellen können. Außerdem dienen sie uns als Anschauungsmaterial für künstlerische Techniken und für ein kleines Ratespiel.
Auf dem Tisch befinden sich einige Erdbeeren, die die Kinder nicht nur ansehen, sondern auch essen dürfen. Ein Junge erklärt uns, was es mit der Frucht auf sich hat: „Eigentlich sind Erdbeeren Nüsse, die gelben Punkte sind die Kerne. Meine Eltern haben mir das gesagt."
Dann bieten wir ihnen ein Ratespiel an: Auf einem Teller befinden sich Stückchen von verschiedene Obstsorten. Wir binden einem Kind die Augen zu, ein anderes Kind gibt ihm ein Stück Obst. Nun soll das Kind mit den verbundenen Augen raten, ob es sich bei dem Stück Obst um eine Erdbeere handelt. Können die Kinder Erdbeeren nur durch Schmecken von anderen Obstsorten unterscheiden. Allen Kindern gelingt es, die Erdbeere herauszuschmecken, an den anderen Obstsorten zeigen sie im Augenblick kein Interesse. Dieses Spiel führen die Kinder dann auch gern allein durch.

Sachwissen: Erdbeeren

Kaum zu glauben, aber eigentlich sind Erdbeeren botanisch gesehen Nüsse. Die vielen kleinen Kernchen, die sich auf der Haut befinden, sind die eigentlichen Nüsse – darüber hinaus gehören Erdbeeren auch zur großen Familie der Rosengewächse, wie beispielsweise Himbeeren, Äpfel, Birnen und Kirschen. Erdbeeren sind gesund, sie enthalten viele Ballaststoffe, Mineralstoffe und mehr Vitamin C als Zitronen.

Klebende Erdbeeren
Eine Erdbeercollage

Material:

- Zeichenpapier, ca. 30 x 30 cm
- Bleistift
- Rotes und gelbes Papier
- Scheren,
- Klebstoff
- Grünes Papier oder Filz

Quadratisches Zeichenpapier bildet den Untergrund für die Collage. Wir stellen den Kindern rotes und gelbes Papier in unterschiedlichen Qualitäten und Mustern zur Verfügung. Bevor die Kinder beginnen, eine Erdbeere zu gestalten, zeichnen sie die äußere Umrandung (ca. 20 bis 25 cm Durchmesser) der Frucht auf. Von den angebotenen Papieren schneiden oder reißen die Kinder Stücke oder Streifen ab und kleben sie auf. Für die kleinen Nüsschen verwenden sie gelbes Papier. Der Stängel und die Blätter werden aus einem anderen Material gestaltet, dafür wählen sie grünen Bastelfilz. Diese Erdbeeren kann man zwar nicht essen, aber dafür erfreuen sie uns mit ihrem eigensinnigen künstlerischen Ausdruck.

Osterkunst

Ein Hase im Gras

Material:

- Zeichenpapier (bei uns: 190 g/m²)
- Gelbe und blaue flüssige Farbe
- Dicke Borstenpinsel
- Abbildung eines Hasen
- Wachsmalkreide
- Schere
- Klebstoff

Bald ist Ostern, darauf freuen sich die Kinder; sie haben schon Osterkörbchen gebastelt und jetzt warten sie auf den Osterhasen, der ihnen Eier in die Körbchen legen soll. Wir verkürzen uns die Wartezeit und geben den Kindern die Möglichkeit, eine Wiese mit einem Hasen darin zu gestalten.

Die Kinder mischen aus gelber und blauer Farbe einen hellgrünen Farbton in größerer Menge an. Das Mischen haben die Kinder beim Blumenzeichnen gut gelernt. Mit dieser Farbe sollen sie eine Wiese malen, auf der sich ein Hase wohlfühlt. Auf die Staffeleien haben wir für die Kinder DIN-A3-Blätter gestellt – den Malgrund haben wir mit einem 3 cm breiten Rand versehen: Ältere Kinder malen nicht gern über das Papier hinaus auf das Holz der Staffelei, so haben sie einen sicheren Abstand zum Rand des Papiers.

Einige Kinder tragen auf die ganze Fläche grüne Farbe auf, andere unterteilen ihr Bild, indem sie in das obere Drittel einen blauen Himmel malen. Wir lassen die Bilder trocknen und die Kinder setzen sich wieder an den Tisch. Hier haben wir für die Kinder kleinformatige Schwarz-Weiß-Kopien von Hasen sehr hell ausgedruckt. Die Kinder können nun ihren Hasen mit Buntstiften und verschiedenen Kreiden bemalen. Alle Kinder sind sich einig, dass ein Hase braun ist, trotzdem möchten die jüngeren Kinder das Tier bunt bemalen. Nachdem der Hase eingefärbt ist, schneiden die Kinder ihn aus und kleben ihn auf ihre Bilder.

Von Eiern, Hühnern und Hähnen

Hühner in der Osterzeit

Osterei im Gras: eine Collage aus verschiedenen Schmuckpapieren

Warum werden Hühner gehalten? Diese Frage stellen wir im Morgenkreis in der Osterzeit. Darauf weiß Lionel sofort eine Antwort: „Weil sie Eier legen." Dieser Meinung schließen sich auch die anderen Kinder an. Ohne Hühner und ihre Eiergeschenke wäre Ostern nämlich bestimmt nur halb so schön. Eine Hühnergeschichte in Gedichtform von Paula Dehmel (siehe S. 26) entführt die Kinder auf den Hühnerhof. Einige Abbildungen von Hühnern haben wir ebenfalls für sie herausgesucht.

Sachwissen: Hühner

Hühner sind Laufvögel, trotzdem können sie fliegen, allerdings nicht sehr weit. Sie schlafen auf Stangen, denn ihre Vorfahren schliefen auf Bäumen, um sich vor Feinden zu schützen. Ein Greifmechanismus verhindert, dass sie beim Schlafen von den Stangen fallen.
Nach der Eiablage gackert ein Huhn, aber nicht nur dann, auch wenn es zum Beispiel seine Küken anlocken will oder die anderen Hühner vor Feinden warnt, aber in immer unterschiedlichen Lauten. Hühner können gut sehen und gut hören. Sie lieben Sandbäder und feste Beziehungen in kleinen Scharen. Hühner sind im Gegensatz zu Enten wasserscheu, denn sie können ihr Gefieder nicht einfetten und würden im Wasser ertrinken. Ein Haushuhn kann fünf bis sieben Jahre alt werden.

Eine Hühnergeschichte

Auf dem Hofe kräht der Hahn,
Ein rot-schwarz-gelb und grüner:
Kuchen, Kuchen, Kuchen auf dem Tisch,
Fix, kommt fix, ihr Hühner!

Seht die Hennen,
Wie sie rennen,
Aus Verstecken,
Über Zäune, über Hecken,
Gackern, beißen sich und schrein,
Jede will die Erste sein!

Wie sie fliegen, wie sie flattern,
Um ein Plätzchen zu ergattern!
Oben auf des Tisches Mitte
Steht Herr Hahn;
Bitte, meine Damen, bitte,
Fangt nur an!

Pick und schluck,
Nicht genug,
Immer mehr
Kuchen her!
Unser Kropf
Ist ein Topf,
Wird nicht voll,
Wird nicht leer,
Darum mehr
Kuchen her,
Bis der Teller leckeleer!

Drüben aus des Gärtners Haus
Guckt der kleine Fritz und lacht:
Ei, wie sah das lustig aus,
Das haben die Hühner klug gemacht!

Paula Dehmel

Hier wird der Hahn-Stempel mit Farbe bemalt, das Ergebnis ist links unten zu sehen

„Gack, gack!"
Stempeln und drucken mit Huhn und Hahn

Material:
- Motiv (kopierte Fotos)
- Moosgummi
- Architektenpapier
- Bleistift
- Schere
- Klebstoff
- Feste Pappe
- Flüssige Farbe oder Stempelkissen

Im Vorfeld haben wir für die Kinder Stempel hergestellt (zur Herstellung von Stempeln vgl. Seite 56). Es gibt Hühner, einen Hahn und ein Küken. Die Kinder suchen sich einen Stempel aus und bemalen ihn mit flüssiger Gouachefarbe – dafür nehmen sie feine Pinsel (etwa in den Stärken 4 und 6). Nachdem jedes Kind sein Motiv gedruckt hat, tauschen sie die Stempel untereinander aus. Sie freuen sich über ihre Ergebnisse.

Aber auch durch Druck lassen sich Hühner abbilden: Auf einem flachen Teller mischen die Kinder gelbe und blaue Farbe, bis sie Grüntöne erhalten. Mit einem Schaumstoffroller nehmen sie etwas Grün auf und rollen über eine von uns selbst angefertigte Schablone in Form eines Huhns. Die Schablone haben wir mit Kreppklebeband befestigt. Nachdem der Malgrund fast vollständig mit Farbe bedeckt ist, lösen die Kinder die Schablone ab und die Gestalt eines Huhns ist zu sehen. Für die Kinder ist der Vorgang des Rollens mit dem Werkzeug am interessantesten.

Hühner kleben

Eine Collage für Huhn und Henne

Materialcollage eines Huhns aus Papieren, Schnipseln, Folienresten und mehr

Material:

- Blauer Fotokarton mit einem kopierten Huhn
- Buntstifte
- Nach Farben sortiertes Papier und andere kleinen Objekte
- Klebstoff

Jedes Kind erhält ein Blatt blauen Zeichenkarton, auf den der Umriss eines Huhns kopiert ist. Wir haben dafür eine selbst gezeichnete Vorlage benutzt. Die Kinder können nun dieses Huhn weiter ausgestalten. Dafür stellen wir ihnen auch ungewöhnliche und auf den ersten Blick nicht ganz passende Materialien zur Verfügung. Zunächst bekommen sie gelbe und rote Buntstifte, damit kolorieren sie den Schnabel, den Kamm, die Beine und die Krallen. Dann stellen wir den Kindern unsere Papiersammlung vor.

In vier Kästen oder Schachteln haben wir für die Kinder verschiedene Papiere einer Farbe gesammelt, zum Beispiel in Kasten 1 Reste von Bastelpapier, Geschenkpapier, dünnes Einwickelpapier und Blumenpapier – alles in Weiß. Zusätzlich bieten wir ihnen aber auch Eislöffel, Knöpfe, Pompoms und vieles mehr in weißer Farbe an. Aus diesem Sortiment wählen die Kinder zunächst Papier aus, mit dem sie ihr Huhn bekleben wollen. Mit großem Eifer machen sich die Kinder an die Arbeit. Danach suchen die Kinder weitere Materialien aus, mit denen sie ihre Collage gestalten können. Zum Schluss hängen wir alle Bilder auf und betrachten sie gemeinsam.

Sachwissen: Materialcollage

Das Wort „Collage" kommt von „coller", dem französischen Verb für „kleben", aber Collagen sind heute nicht nur Klebebilder aus Papier. Der Begriff umfasst alle möglichen Arten von Materialien. Materialcollagen lassen der Fantasie der Kinder einen großen Spielraum. Unterschiedliche Materialien, die die Kinder aussuchen, zum Beispiel einen Knopf oder einen kleinen Eislöffel, betrachten sie genau und erinnern sich vielleicht, wozu man diese Dinge eigentlich benutzt hat, doch nun können sie die kleinen Objekte so verwenden, wie sie es wollen.

Knickfuß-Hühner

Körpermerkmale kennen- und malen lernen

Material:

- Abbildungen von Hühnern und Hähnen (in Sachbüchern oder ausgedruckt aus dem Internet)
- Bleistifte, Buntstifte
- Tuschfarben
- Pinsel in den Stärken 4 und 6
- Blasse Schwarz-Weiß-Kopien von Hühnern auf Pappe oder festem Zeichenpapier

Selbst gemachte Hühnerfiguren zum Spielen

Die Kinder bekommen von uns Kopien von Fotos, auf denen verschiedene Hühnerrassen und auch Hähne abgebildet sind. Jedes Kind betrachtet eine Abbildung. Wir beginnen mit einem kleinen Suchspiel und fordern sie auf, den Schnabel auf dem Bild zu suchen und darauf zu zeigen. Als wir sehen, wie gern die Kinder das machen, setzen wir das Spiel fort. Nun sollen sie die Augen finden und darauf zeigen, dann die Krallen und zum Schluss erklären wir, dass Hühner und Hähne auf dem Kopf einen Kamm haben. Sofort finden sie ihn und halten ihren Finger auf den Kamm. Die Kinder sehen auf den Abbildungen, dass der Kamm und die Kehllappen rot sind und das Gefieder bei jeder Rasse anders ausfällt.

Sie haben nun die Aufgabe, die kopierten Hühner mit Tusche anzumalen. Der Kamm sollte rot sein, während die Kinder selbst bestimmen, welche Farben das Gefieder haben soll. Die Aufgabe gefällt den Kindern; zum Schluss malen sie den Boden grün an – schließlich soll das Geflügel Würmer im Gras zum Fressen finden. Unsere auf Pappe kopierten und nun angemalten Hühner haben noch einen Vorteil: Die Kinder können den unteren Rand umklappen, sodass die Hühner aufgestellt werden können, und sofort beginnen sie mit ihren Hühnern zu spielen.

So könnte Ihr Frühlings-Projekt weitergehen:

Eine Wiese gestalten:

Weißes Zeichenpapier mit hellgrüner Farbe anmalen. Trocknen lassen. Dann mit Buntstiften Blumen, Krabbeltiere, Schmetterlinge in die Wiese zeichnen. In die Wiese die Gänge eines Maulwurfs zeichnen.

Echte Wiesenbilder:

Statt die Wiesenbilder zu bemalen oder zu bestempeln, können die Kinder auch echte, selbst gesammelte Blüten (etwa von Löwenzahn) aufkleben und einige Grashalme dazukleben.

Mosaik aus Frühlingsfarben:

Die Kinder mischen aus gelber und blauer Farbe verschiedene Grüntöne und tragen sie auf Zeichenpapier auf. Nachdem die Farbe getrocknet ist, schneiden die Kinder mit etwas Hilfe Quadrate mit etwa 4 cm Seitenlänge aus. Alle Quadrate kleben die Kinder zu einem Riesen-Quadrat auf einen farbigen Untergrund. Das Mosaik kann man auch aus unterschiedlichen farbigen Papiersorten wie Geschenkpapier und Bastelpapier herstellen. Die jüngeren Kinder zerreißen das Papier einfach und kleben es als Collage ohne spezielles Motiv auf.

Frühlingskräuter-Brötchen:

Brennnesseln, Gänseblümchen und viele andere Frühlingskräuter (Scharbockskraut, Kresse, Knoblauchsrauke) kann man essen. Wie wäre es mit einem Hefeteig, in den die Kinder Kräuter kneten? Alles zu kleinen Brötchen formen, backen und gemeinsam im Frühlingsmorgenkreis schmecken lassen.

Perlen, Hühner, Erdbeeren
Abschluss und Fazit

In unserem Frühlingsprojekt drehte sich alles um Hühner, um Erdbeeren und um die ersten Blüten. Die Kinder begegneten dem Frühling auf vielfältige Weise, sie nahmen die ersten blühenden Sträucher und Blumen wahr und gestalteten sie mit unterschiedlichen künstlerischen Techniken. Brötchen mit unserer selbst gemachten Erdbeermarmelade runden unser Frühlingsprojekt im Morgenkreis ab. Nun beginnt die nächste Jahreszeit und die Kinder wenden sich neuen Themen zu.

Stein-Zeit

Ein Projekt über Steine

Als sich die Kinder vor den Sommerferien einen Schuhkarton gestalten, um darin Urlaubsandenken zu sammeln, ahnen wir noch nicht, dass uns ihre Sammlung zu einem neuen Projekt führen wird. Nach den Ferien befinden sich darin neben Postkarten, Muscheln und vielen anderen Dingen auch Steine. Als wir sie befragen, womit sie sich gern beschäftigen würden, kommt die Antwort prompt: „Steine."

Das große Sammeln
Steine über Steine im Gruppenraum

In unserem Gruppenraum kommt schnell eine große Sammlung von Steinen zusammen: Steine aus dem Urlaub oder vom Kitagelände, aus dem Wald, Steine von Unternehmungen mit den Eltern, Edelsteine, Spielsteine, Schotter, Bruchstücke, Scherben, Steine mit Einschlüssen, Bausteine ... Die Steinsammlung reizt die Kinder jeden Tag aufs Neue, sie schauen sich die einzelnen Exemplare gründlich an und befühlen sie, vergleichen ähnliche Steine, ordnen sie nach Farben und Größen neu an oder sortieren sie nach ihren eigenen Vorstellungen. Die Kinder legen damit Muster, bauen Mauern und versuchen Türme zu konstruieren. Aus unserem Experimentierfach holen sie sich Lupendosen, um die Oberflächen der Steine näher zu untersuchen, und stellen fest, dass die Steine ganz unterschiedlich aussehen: Manche haben Punkte, einige sind einfarbig und glatt, andere wieder „kratzig".

„Vielleicht hat ein Hund da reingeknabbert. Da wurde er so spitz."
(Alwin auf die Frage, warum sein Stein wohl so eckig ist)

Stein-Labor
Dem „Ding" einen Namen geben

Heute erforschen die zukünftigen Schulkinder die Steinsammlung. Sie benutzen die Steine zunächst zum „Schreiben" und legen damit Zahlen und ihre Initialen. Schnell erkennen sie, dass es verschiedene Steinsorten gibt, und ordnen gleich aussehende Steine zueinander. Dabei kommt der Wunsch auf, die unterschiedlichen Steinsorten auch zu bezeichnen, und die Kinder fragen sich, wie die Steine eigentlich heißen. Wir ziehen unser Buch „Strandsteine für Kids" zurate und finden darin die Steinarten Granit, Tonschiefer, Kreidestein, Larvikit, Gneis, Basalt sowie Feuersteine. Es gibt auch Steine mit Streifen und Bändern. Weiterhin erfahren wir, dass Steine aus verschiedenen Ländern kommen. Wir haben Steine aus Dänemark, Deutschland und Finnland in unserem Fundus. Die Kinder ordnen jetzt jede Steinsorte einem Glasgefäß zu und wir versehen die Behälter mit einem Namensschild. Die nach Kategorien geordnete Steinausstellung präsentieren wir auf einem Regal oberhalb des Projekttisches.

Steine mit allen Sinnen erleben

Ein Ratespiel mit Steinen und was daraus folgt

Eine kleine Gruppe von Kindern beginnt mit einem Steinratespiel. Dazu schütteln wir einen mit Steinen und verschiedenen anderen Gegenständen gefüllten Stoffbeutel. Anhand der dabei entstehenden Geräusche können die Kinder raten, was sich in dem Beutel befindet. Es sind Steine, Kastanien und deren äußere Schalen, Eicheln, einige Muscheln und die getrockneten Blüten von Lampionblumen. Wir reichen den gefüllten Beutel herum und die Kinder befühlen ihn zunächst von außen und stellen dann ihre Vermutungen über den Inhalt an. Endlich können die Kinder in den Beutel greifen und versuchen, zwischen den anderen Gegenständen einen Stein herauszufühlen, und ihn aus dem Beutel herausnehmen. Fast alle Kinder haben von Wasser rund geschliffene Steine erwischt, sie lassen sich auf der Tischplatte in Drehung versetzen.

Nach dieser Befragung schütten wir alle Gegenstände aus dem Beutel auf ein Tablett, auf das die Kinder auch „ihren“ Stein legen: Die Kinder suchen „ihren“ Stein aus der Sammlung heraus. Es gelingt ihnen, ihn zu finden.

Finde nur durch Fühlen den Stein zwischen anderen Gegenständen im Stoffbeutel heraus – gar nicht einfach!

Zauber mit Steinen

Bernstein – Versuche mit einem Fossil

Material:

- Bernsteine / Bernsteinsplitter oder günstige Bruchstücke
- Schüssel mit Wasser
- Salz
- Feuerzeug
- Wolltuch
- Papierschnipsel

Wir erfahren in einem Buch über Fossilien, dass echter Bernstein im Gegensatz zu anderen Steinen angeblich schwimmen kann, und probieren es aus. Mit Erstaunen stellen die Kinder fest, dass die Bernsteine in einem mit Leitungswasser gefüllten Glas zu Boden sinken. Aber wieso?

Bernsteine sind am und im Meer zu finden und Meerwasser ist salzig und daher besser in der Lage, Gegenstände zu „tragen“. Und tatsächlich: Wir lösen nach und nach Salz im Wasser auf und als wir genügend Salz zugegeben haben, schwimmen die Bernsteine an der Oberfläche. Im Gegensatz dazu gehen Kieselsteine unter. Bernsteine können auch brennen, wenn man sie anzündet (ein Versuch, den Erwachsene vorführen), und Bernstein kann sich elektrisch aufladen: Wenn man ihn an einem Wolltuch reibt, zieht er Papierschnipsel an.

Ein Ausflug in den Baumarkt
Auch hier gibt es Steine

An einem Vormittag fahren wir mit einigen Kindern in den nächstgelegenen Baumarkt, um uns nach Steinen für unser Steinprojekt umzusehen. Es gibt eine überraschend große Auswahl: Buntkies, Granitsplitt, Bruchstein, Marmorkies, Basaltsplitt und viele weitere Gesteinsarten, die wir anfassen können. Die Kinder entdecken auch Stahlgeflechte für Steinmauern, die sogenannten Gabionen. Leider gibt es die Steine nur in Kilosäcken zu erwerben, was uns für unser Projekt entschieden zu viel ist. Das Angucken und Anfassen der verschiedenen Steinsorten hat den Kindern aber trotzdem Spaß gemacht.

Steinerne Puzzles
Was man mit Mosaiksteinen und Dekosteinen machen kann

Körperumrisse aus Mosaiksteinen legen: Die Kinder staunen, wie groß sie sind

Material:
- Mosaiksteine aus dem Sanitärhandel
- Dekosteine
- Tapetenrollen oder Malpapierrollen
- Fotoapparat
- Drucker

Mit Mosaik- und Dekosteinen kann man nicht nur schöne Muster bilden; sie eignen sich auch sehr gut, um Größen und Formen darzustellen. Warum nicht einmal die Körperumrisse der Kinder legen und sie bildlich festhalten? Jedes Kind kann sich in Rückenlage auf den Teppich legen und andere Kinder ordnen Mosaik- und Dekosteine um den Körper des Kindes. Hinterher ist das Kind beeindruckt, wie groß sein mit Steinen nachgelegter Körper wirkt. Wir fotografieren jedes Kind mit seinem Umriss und stellen die Bilder im Gruppenraum aus. Die Kinder schauen sich gern diese Aufnahmen an.

Marmorkies im Winter
Was sich aus den weißen Steinen entwickelt

Material:
- Weißer Marmorkies
- Sand
- Tabletts
- Schleichtiere
- Sachbücher

Wie der Zufall es will, bekommen wir im Winter weißen Marmorkies zur Erweiterung unserer Steinsammlung geschenkt. Die Kinder dekorieren den Kies auf einem Tablett und benutzen ihn für die Darstellung einer Schneelandschaft, in der sie mit Eisbär- und Pinguinfiguren spielen. In Sachbüchern informieren sich die Kinder über die beiden Tierarten. Ein Kind bemerkt, dass Eisbären und Pinguine nicht zusammenleben. Die Kinder errichten daraufhin zwei Steintabletts, eins mit Pinguinen und eins mit Eisbären. Eisbären leben am Nordpol, in der Arktis, und Pinguine am Südpol, in der Antarktis. Mehr dazu gibt es im Projekt „Eisbär“.

„Steine kann man ins Wasser werfen.“
(Willi)

„Steine sind zum Sammeln da, zum Schönfinden, zum Glänzen.“
(Adela, Willi, Malin)

So viele Wörter mit „Stein“
Vom Steinesammeln zum Wörtersammeln

An einem Tag sammeln die Kinder auf dem Kitagelände unterschiedliche Steine für ihren Stein-Ausstellungstisch und auch für zu Hause. Auf diese Weise entstehen draußen Steintürme und Steinhäuser, die von den Kindern mit Figuren oder Autos belebt werden.

In der Gruppe überlegen wir dann gemeinsam, welche Wörter wir mit Steinen verbinden oder in welchen das Wort „Stein“ vorkommt. Wir finden folgende Begriffe: Steinbruch, Steinmauer, Steinfiguren, Weinstein, Steinkrone, Steinberg, Steintreppe, Steinhaus, Steinschloss, Steinhuder Meer, Steinadler, Steinmarder, Feuerstein, Kristallstein, Herzstein, Sternstein, Bernstein, Edelstein, Goldstein, Kieselstein, Legostein, Baustein, Legofriendsstein, Steinplatten, Ziegelstein, Mondstein, Mosaikstein, Wandstein, Lavastein, Glitzerstein, Leuchtstein, Funkelstein, Steinkristall, Tropfstein, Kreidestein, Glasstein, Steinbock, Steinbrücke, Steinfelsen, Duplostein. Die Kinder sind sehr beeindruckt von der Länge ihrer Liste. Wie bei der Auflistung zu erkennen, assoziieren die Kinder nicht nur Natursteine mit dem Begriff „Stein“, sondern ebenso Bau- und Legosteine.

Tipps zur Beobachtung: Bauen und Konstruieren im kindlichen Spiel

Im kindlichen Spiel ist das Bauen und Konstruieren eine wichtige Tätigkeit. Gerade hier können Kinder physikalische Gesetzmäßigkeiten kennenlernen und wahrnehmen, dass sie ihre Umwelt (mit)gestalten können. Sie können mit anderen Kindern gemeinsam etwas aufbauen oder zerstören; so wird die Bauecke zu einem sozialen Lernort. Die Lust, kleine Türme gezielt umzustoßen, zeigen schon einjährige Kinder. Die Fähigkeit und der Wunsch, sie aufzubauen, entwickeln sich erst später. Objektspiele, bei denen Kinder Materialien und ihre Eigenschaften erkunden, indem sie zum Beispiel Bauklötze fallen lassen oder gegeneinanderklopfen, schaffen eine Grundlage für spätere Bautätigkeiten. Interessanterweise bauen Kinder zuerst vertikal und beginnen erst mit etwa zwei Jahren horizontal zu bauen, bevor sie beide Arten miteinander verbinden. Daraus entwickelt sich zwischen dem dritten und fünften Lebensjahr die Fähigkeit, die drei Dimensionen zu verbinden. Im Spiel mit den Bausteinen können Kinder vielfältiges Wissen erwerben: Sie relativieren zwischen groß und klein, eng und weit, erweitern ihr räumliches Vorstellungsvermögen über Gegensätze wie innen und außen, vorne – hinten, oben – unten – neben. Sie erschließen sich auf diese Weise grundlegende Gesetze der Statik.

Wo liegt dein Stein?
Sich Geschichten über den Lieblingsstein ausdenken

Die Kinder setzen ihre Vorstellungen vom Aufenthaltsort und der Geschichte ihrer Steine gestalterisch um. Auf ein DIN-A4-Blatt kleben sie zuerst den Hintergrund ihrer gewünschten Landschaft mit verschiedenen Papiersorten. Anschließend wird überlegt, was das Typische dieser Gegend ist. Nachdem wir das ermittelt haben, stellen wir den Kindern aus Zeitschriften und Internetausdrucken Bilder mit Tieren, Pflanzen und verschiedenen Gegenständen zur Verfügung, die sie dann für ihr Bild ausschneiden und auf ihre Landschaft kleben. Die Bilder geben die individuellen Vorstellungen der Kinder sehr gut wieder. Zum Schluss erzählen sie die Geschichte ihrer Steine; wir stellen ihnen eine Steine-Geschichte exemplarisch vor:

Reihenfolgen von Steinen merken: Die Kinder tauschen einen einzigen Stein aus – wer bemerkt's?

Tills Steine-Geschichte

„Meine Steine liegen im Meer. Ein vierjähriges Mädchen hat sie ins Wasser geworfen. Sie hat die Steine an einem Baum gefunden. Sie wollte damit Steinburgen bauen. Das Mädchen hat Sand unter die Steine getan und dann eine Steinburg gebaut. Sie wollte mit ihren Freunden fangen spielen und dabei sind die Steine ins Wasser geplumpst. Die Steine sind lieber im Wasser. Sie können Haie, Muscheln und Krebse sehen. Die Steine finden ihre Muster schön. Die Haie essen die Steine auf, aber nur die großen Haie. Die Steine finden es gut, wenn sie Ruhe im Wasser haben. Der Krebs macht für die Steine Musik. Vielleicht sind alle Krebse lieb. Ich wäre lieber ein kleiner Stein, weil ich dann in den Matsch kullern könnte. Große dürfen das nicht, weil da nur Kleine reindürfen."

Versuchsaufbau für das Stalagmiten-Experiment: an der Schnur wachsen Steine

Material:

- 2 Gläser warmes Wasser
- Wollfaden
- Schere
- 2 Sicherheitsnadeln oder 2 Büroklammern
- Teelöffel
- Soda aus der Apotheke
- Untertasse

Stalagmiten und Stalaktiten selbst gemacht
Eine Tropfsteinhöhle im Gruppenraum

Sachwissen: Warum Wasser Steine bilden kann

Die spezifische Eigenschaft von Wasser ist die Fähigkeit, in dünnen Röhren, den sogenannten Kapillaren, entgegen der Schwerkraft nach oben zu steigen. Da es in einem Wollfaden auch solche Röhren gibt (Lücken zwischen den einzelnen dünnen Fäden), steigt das Wasser den Wollfaden hoch und fließt durch ihn hindurch. An der Oberfläche verdunstet das Wasser und hinterlässt an dem Wollfaden gelöstes Soda. So entsteht mit der Zeit ein Tropfstein (Stalaktit). Da das Wasser im obigen Experiment sehr schnell steigt und der Faden durchnässt ist, tropft Wasser beständig in die Untertasse und durch die Verdunstung entsteht auch hier ein Tropfstein (Stalagmit).

Wir sehen uns am PC im Büro verschiedene Gesteinsarten an. Besonders interessieren sich die Kinder für Bernstein, Lavagestein und Tropfstein. Da die Kinder bei dem Gespräch über Tropfsteinhöhlen großes Interesse bekunden, versuchen wir mit fachlicher Unterstützung einer Mutter und eines Buches selbst Stalaktiten (wachsen nach unten) und Stalagmiten (wachsen nach oben) herzustellen. Dafür sollen wir in zwei Wassergläsern so viel Soda wie möglich auflösen, bis die Lösung „gesättigt" ist. Dann nehmen wir ein Stück – ca. 20 cm – eines Wollfadens, dessen Enden wir mit einer Büroklammer beschweren und jeweils in eins der Gläser hängen, sodass eine Fadenbrücke zwischen den Gläsern entsteht. Der Wollfaden saugt sich mit der Lösung voll und nun warten wir gespannt auf unsere Tropf- bzw. Sodasteine. Leider missglückt der erste Versuch – wir werden aber dadurch ein wenig entschädigt, dass sich in der Lösung schöne Kristalle gebildet haben: Offenbar haben wir zu viel Soda aufgelöst.

So schnell geben wir aber nicht auf und starten bald einen neuen Versuch, für den wir weniger Soda im Wasser auflösen:
Die beiden Gläser mit warmem Wasser füllen und unter Rühren so viel Soda dazugeben, bis es sich nicht mehr auflöst, die Lösung also gesättigt ist. Nun wird der Wollfaden an seinen beiden Enden stabilisiert, mit Sicherheitsnadeln oder Büroklammern als Gewichten. Jeweils ein Ende wird in eines der Gläser gehängt und zuletzt noch die Untertasse zwischen die beiden Gläser, direkt unter den Wollfaden gestellt. Tatsächlich erhalten wir ein anderes Ergebnis: Nach ein paar Tagen wächst langsam ein milchiger Tropfstein an dem Wollfaden herunter, und in der Untertasse wächst einer herauf. Es bilden sich keine Kristalle mehr und wir können wirklich selbst hergestellte Tropfsteine bewundern.

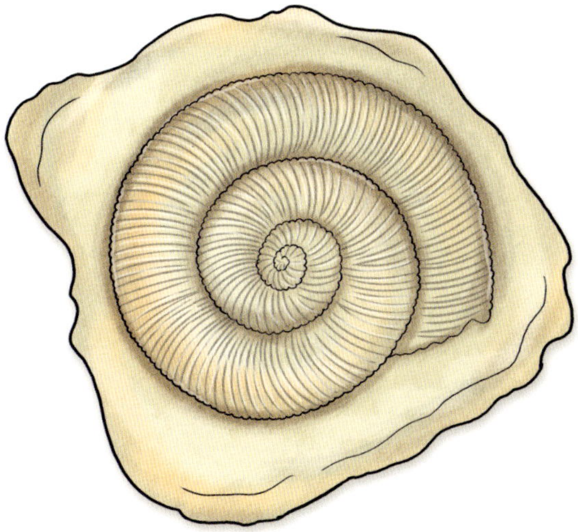

„Vielleicht hatte der Hund keine Zähne mehr und hat den Stein so flach gemacht."

(Alwin auf die Frage, warum ein anderer Stein ganz glatt ist)

Fossilien
Ein Ausflug ins Museum

Eine Unternehmung führt uns in ein Goslarer Museum. Es ist ein stadtgeschichtliches und geologisches Museum. Gleich am Eingang entdecken die Kinder mehrere große Ammonit-Fossilien. Ammoniten sind mit Tintenfischen und Kraken verwandt, es handelt sich um eine ausgestorbene Teilgruppe der Kopffüßler, ihr nächster lebender Verwandter ist der Nautilus, der zur Familie der Perlboote gehört. Besonders beeindruckt sind die Kinder von den unterschiedlichen Versteinerungen, zum Beispiel Fischen, Muscheln, Haifischzähnen, Mammutknochen, einem Frosch und unzähligen verschiedenen Ammoniten.

Sachwissen: Fossilien

Wie wird aus einer Schnecke ein Fossil? Vor langer, langer Zeit verendete Tiere oder Pflanzen, die in der Erde liegen, können zu Fossilien werden: Die weichen Teile des toten Tieres oder einer Pflanze vermodern, die harten Teile werden von Schlamm zugedeckt. Die Form bleibt erhalten, wenn der Schlamm aushärtet und im Laufe der Zeit zu Stein wird. Durch Erdbewegungen und Verwitterung kommen die so entstandenen Fossilien dann nach langer Zeit langsam wieder an die Oberfläche.

Eine ganz besondere Gestaltungsaktion

Tintenfische, Seeschnecken, Farnblätter: Wir machen Fossilien selbst

Material:
- Tonartige Modelliermasse (selbsthärtend)
- Muschelschalen und Schneckenhäuser
- Backrolle
- Pinsel
- Schnur

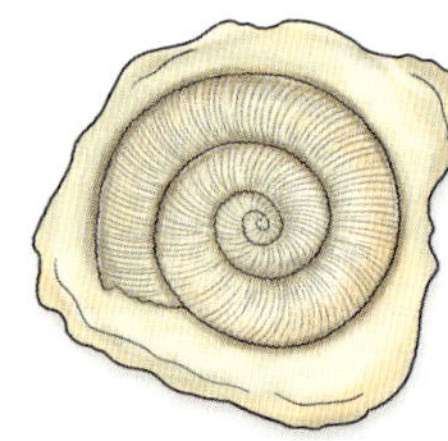

Weil die Kinder von den unterschiedlichen Versteinerungen so beeindruckt waren, können sie nun selbst ausprobieren, dauerhafte Abdrücke herzustellen. Wir haben dazu einiges gesammelt: Muscheln in völlig unterschiedlichen Größen und Strukturen, einen versteinerten Seeigel, Versteinerungen in Sandsteinen und getrocknete Blätter.

Bevor die Kinder mit dem Abdrucken beginnen können, führen wir ein kleines Ratespiel durch: In einen Beutel legen wir verschiedene Muschelschalen und Schneckengehäuse, davon eines mit spitzen Stacheln (Stachelschnecke), und den versteinerten Seeigel. Jedes Kind darf vorsichtig in den Beutel fassen und versuchen, entweder die Muschel oder den versteinerten Seeigel zu ertasten und herauszufischen. Einige Kinder wollen unbedingt das stachelige Tier fühlen, andere lieber die glatte, fast runde Versteinerung des Seeigels.

Anschließend stellen wir den Kindern die tonartige Modelliermasse vor und zeigen ihnen, wie man aus einem kleinen Tonklumpen mit einer Backrolle eine kleine flache Platte rollt. Zuerst erhält jedes Kind nur eine kleine Menge der Modelliermasse und kann daran üben, sie platt zu walzen und darin schon einige Abdrücke mit den Naturmaterialien zu hinterlassen.

Die Kinder sind mit Feuer und Flamme dabei; nun verteilen wir an jedes Kind die Tonmasse und sie machen sich sofort an die Arbeit. Aus dem großen Angebot von Muschelschalen suchen sie sich unterschiedliche aus, denn sie wollen möglichst viele Varianten ausprobieren. Es entstehen sehr schöne Abdrücke, deshalb fragen wir die Kinder, ob sie sich vorstellen können, aus den Tonscheiben ein Mobile zu gestalten. Das möchten alle und es geht auch sofort los: Wir bohren mit dem Ende eines Pinselstiels

Löcher in die tonartigen Modellierscheiben der Kinder, um sie nach dem Trocknen aufhängen zu können. Dann legen wir die Sandsteine mit den Versteinerungen auf den Boden, sofort legen sich die Kinder auch um die Fossilien herum und gemeinsam betrachten wir die einzelnen Abdrücke von verschiedenen Muscheln und kleinen Seesternen. Wir fragen die Kinder, wie die Muscheln in den Stein hineingekommen sein könnten. Till vermutet: „Ich glaube, jemand hat das mit einem Stock reingeritzt."

Ein Ausflug zu den ganz großen Steinen

Abschluss und Fazit

Zum Abschluss unseres Projekts unternehmen wir einen Ausflug in den Kurpark von Bad Harzburg. Wir haben uns bisher mit kleinen handlichen Steinen beschäftigt, hier bietet sich nun ein Kontrastprogramm an, denn die großen Felsensteine im Kurpark sind viel größer als die Kinder und laden sie zum Klettern ein.

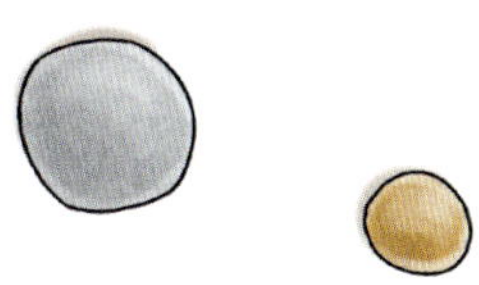

Steine, Objekte der unbelebten Natur, reizten die Kinder immer wieder, sich mit ihnen zu beschäftigen. Dabei konnten sie viele unterschiedliche Sorten von Steinen mit verschiedenen Strukturen, Farben und Gewichten kennenlernen. Und vor allem konnten sie ausprobieren, was man mit ihnen anstellen kann: mit ihnen bauen, sie bemalen und sortieren. Aber genauso gern teilten die Kinder ihre Vorstellungen über die Herkunft und den Liegeplatz ihrer Steine mit.

So könnte Ihr Stein-Projekt weitergehen:

Steine in flachen Schachteln:

Die Kinder sortieren Steine nach ihren eigenen Vorstellungen: Ein großer Deckel eines Kartons bildet den Untergrund für viele verschiedene kleinere Deckel, die in den großen gelegt werden. Wie im naturhistorischen Museum legen die Kinder die Steine beispielsweise nach Farben, Größen und Sorten zusammen. Die Deckel im Deckel dienen als kleines Museum und können jederzeit ergänzt oder verändert werden.

Steine im Atelier:

An der Staffelei Riesensteine malen.

Steinerne Papiercollage:

Zuerst zeichnen die Kinder einen großen Stein, dann erhalten sie verschiedene Papiersorten einer Farbe. Sie reißen das Papier in Stücke und kleben es in den gezeichneten Stein.

Bauwerke aus Stein:

Ein Ausflug zu einem sehr alten Bau, der aus großen, gut sichtbaren Steinen errichtet wurde, z. B. eine Burg, ein alter Turm, eine Stadtmauer oder ein sehr altes Haus.

Wo der Eisbär (wirklich) wohnt

Einmal an den Nordpol, bitte!

Speiseeis, das wir in diesem Sommer in großen Mengen schlecken, bringt die Kinder zu der Frage, ob man auch „richtiges“ Eis essen kann, etwa das Eis, das im Winter draußen gefriert. Ein Kind schlägt vor, dass wir ja schnell zum Nordpol fahren und nachsehen könnten, dort gebe es auch Eis. Die anderen sind sofort Feuer und Flamme: Sie beginnen von Eisbergen zu erzählen und von der unglaublichen Kälte, die dort herrscht. Die Polarregionen finden die Kinder richtig spannend. Immerhin sind sie die Heimat der Eisbären und Pinguine. In welchem Maße das Polareis als Lebensraum dieser Tiere die Wissbegier der Kinder weckt, stellen wir fest, als die Kinder sich auf die Sachbücher über Arktis und Antarktis stürzen, die wir für den Stuhlkreis besorgt haben.

Von wegen: „Pitsch, Patsch, Pinguin"

Wie unser Projekt seinen Namen bekommt

Die Kinder informieren sich in den Sachbüchern über die kalten Zonen und deren Tierwelt. In den nächsten Tagen beschaffen wir uns weitere Bücher und Bildbände, in die sich die Kinder vertiefen. In kurzer Zeit eignen sie sich Wissen über die Besonderheiten der Pole an und stellen fest, dass es dort Eisberge gibt. Dass in der Nordpolarregion, der Arktis, Eisbären leben, aber keine Pinguine – diese gibt es in der Antarktis um den Südpol –, versetzt die Kinder zuerst in Erstaunen. Pinguine und Eisbären kommen also gar nicht gemeinsam vor?
Das Thema „Pinguine und Eisbären" beherrscht unseren Alltag. Aus dem Repertoire der ihnen schon bekannten Kreisspiele wählen die Kinder das beliebte „Pitsch, Patsch, Pinguin". Am Ende dieses Spiels erschreckt der Eisbär die Pinguine. Als wir mit dem Kreisspiel beginnen wollen, bemerken die Kinder, dass dieses Spiel gar nicht der Wirklichkeit entspricht, denn Eisbären leben an dem einen und Pinguine an dem anderen „Ende" unserer Erdkugel. Die Kinder holen einen Globus, auf dem sie die beiden Pole lokalisieren, dabei wird ihnen bewusst, wie weit diese auseinanderliegen. Damit bekommt unser Projekt seinen Namen, es soll „Der Eisbär lebt in der Arktis" heißen.

Sachwissen: Arktis

Der Name „Arktis" für die Region um den Nordpol leitet sich von dem altgriechischen Wort „arktos" für „Bär" und „arktikos" für nördlich ab. Hier bedeutet nördlich auch: unter den nördlichen Sternbildern liegend. Mit nördlichen Sternbildern meinten die alten Griechen vor allem die kleine und große Bärin, „ursa maior" und „ursa minor", zu denen der kleine und der große Wagen gehören.

Antarktis im Schuhkarton: Hier finden die Kaiserpinguine ein Zuhause

Ich bin ein dicker Eisbär
Wir dichten ein Eisbärenlied

Zur Melodie von „Ich bin ein dicker Tanzbär" dichten die Kinder ein Eisbärenlied aus dem Internet um. Eine letzte Strophe erfinden sie dazu. Das Lied macht den Kindern im Morgenkreis Spaß, vor allem, weil sie sich bei der letzten Strophe einfach umfallen lassen können.

Ich bin ein dicker Eisbär und leb in Eis und Schnee.
Ich tanz im Kreis mit Freunden auf den Schollen auf der See.

(die Kinder stehen im Kreis und halten sich nach Wunsch an den Händen)

Mit meinen Freunden renn ich schnell
und schüttel dann mein dickes Fell.
Mit meinen Freunden renn ich schnell
und schüttel dann mein dickes Fell.

(alle laufen im Kreis und schütteln sich dabei)

Refrain: Ich bin ein dicker Eisbär ...

Mit meinen Freunden spring ich hoch,
viel höher schaffen's alle noch.
Mit meinen Freunden spring ich hoch,
viel höher schaffen's alle noch.

(möglichst hoch springen auf der Stelle)

Refrain: ...

Ich kriech mit Freunden rundherum,
ganz klitzeklein, im Kreis herum.
Ich kriech mit Freunden rundherum,
ganz klitzeklein, im Kreis herum.

(im Kreis vorwärtskrabbeln)

Refrain: ...

Ich hops mit Freunden schnell im Lauf,
das ist der Eisbär'n-Hopserlauf.
Ich hops mit Freunden schnell im Lauf,
das ist der Eisbär'n-Hopserlauf.

(entweder Hopserlauf oder beidbeiniges Hüpfen vorwärts im Kreis)

Refrain: ...

Die Eisbären schlafen klitzeklein,
sie schnarchen leise, das ist fein.
Die Eisbären schlafen klitzeklein,
sie schnarchen leise, das ist fein.

(sich auf den Boden legen und schnarchen)

Refrain: ...

Ist der groß!
Ein lebensgroßer Eisbär im Gruppenraum

Material:
- Papier von einer großen Papierrolle
- Als Vorlage Seitenansicht eines Eisbären
- Bleistift
- Ausrangierte Handtücher mit Struktur
- Weiße und gelbe Gouache
- Schere
- Kärtchen
- Stifte
- Sachbücher
- Computer mit Internetzugang

Nachdem wir uns über die Größe eines Eisbären kundig gemacht haben, gestalten wir mit den Kindern ein lebensgroßes Exemplar. Auf eine Papierrolle zeichnen wir gemeinsam einen Eisbären und besprechen dabei die markanten Merkmale des Bären, zum Beispiel seine großen Tatzen, seine kleinen Ohren und die ziemlich lange Schnauze. Um den Bären möglichst naturgetreu darzustellen, bleibt er nicht weiß, sondern erhält einen leicht gelblichen Farbton. Wir schlagen den Kindern vor, die Farbe in Tupftechnik aufzutragen. Dazu zerschneiden wir ein altes Frotteehandtuch. Die Kinder tunken die Fetzen abwechselnd in weiße und in gelbe Farbe und benetzen damit die gesamte Fläche. Es entsteht tatsächlich der Eindruck eines Eisbärenfells.
Im Internet und in Sachbüchern informieren sich die Kinder mit unserer Hilfe über die Eigenschaften des Bären, zum Beispiel seine Fressgewohnheiten, die Aufzucht seiner Jungen und welchen Lebensraum er benötigt. Wichtige Informationen schreiben wir mit den Kindern auf Kärtchen und befestigen sie rund um den lebensgroßen Eisbären.

Ist der schwer!
Ein Experiment mit der Waage

Wie schwer ist so ein Eisbär eigentlich? Wir stellen eine Personenwaage in unseren Stuhlkreis, wiegen jedes Kind und notieren das Gewicht. Zum Schluss rechnen wir die Zahlen zusammen und kommen auf ca. 300 kg. Ein Eisbärenjunges wiegt auch ca. 300 kg, ein ausgewachsenes Weibchen würde etwa 800 kg auf die Waage bringen. Alle Kinder unserer Vorschulgruppe wiegen also zusammengenommen so viel wie ein Eisbärenjunges. Ein Kind meint: „Das macht doch nichts, wir sind ja auch nur Kinder, das passt! Wenn die Erzieherinnen sich auch auf die Waage stellen, ergibt das bestimmt einen großen Eisbären."

„Wir Kinder wiegen alle zusammen gerade mal so viel wie ein Eisbärenjunges ...."
(Kinder beim Wiegen)

Ein Zuhause für den Eisbären
Eislandschaften in Gemeinschaftsarbeit

Material:

- Festes Zeichenpapier im Format DIN-A3
- Blaue und weiße flüssige Farbe
- Schaumstoffrolle
- Flacher Teller
- Verschiedene blaue Papiere
- Weiße Papierreste zum Zerreißen
- Kopierte Fotos von Eisbären
- Weiße und gelbe flüssige Farbe
- Wattestäbchen

Immer zwei Kinder finden sich zusammen, um eine Eislandschaft mit Eisbären zu gestalten. Dazu grundieren sie ein DIN-A3-Malblatt mit blauer und weißer Farbe. Sie benutzen dazu einen Schaumstoffroller. Da es pro Paar nur eine Rolle, einen Pinsel und eine Palette mit den entsprechenden Farben gibt, müssen die Kinder miteinander kooperieren, Absprachen treffen und sich einigen. Nachdem sie diese Aufgabe bewältigt haben, kleben sie verschiedene Papiere in unterschiedlichen Blautönen auf die grundierte Fläche. Dann zerreißen sie weißes Papier und kleben es als Eisberge und Eisschollen auf. Jedes Kind erhält eine Kopie von einem Eisbärenfoto. Auf der Kopie färben die Kinder in Tupftechnik mit gelber und weißer Farbe das Fell des Eisbären ein. Zum Schluss platzieren beide Kinder ihre Eisbären in der gestalteten Landschaft. Die Eislandschaften mit den dazugehörigen Geschichten stellen wir im Gruppenraum aus. Die Kinder erklären uns ihre Werke und besonders, was die Bären auf den Bildern gerade machen: Jennys Bären kuscheln sich aneinander, Maxis Bär geht von der Familie weg, um zu jagen. Rebeccas und Felizias Eisbären sind gute Freunde und treffen sich auf dem Eisspielplatz. Sie unterhalten sich in Eisbärensprache. Lukas und Emilys Eisbären stellen Mutter und Kind dar ...

Lernen aus Büchern
Unsere Polarbibliothek bereichert den Sitzkreis

Wenn wir mit den Kindern Bilder- oder Sachbücher betrachten (wie bei diesem Projekt), ist das für sie eine gute Gelegenheit, um ihre Gefühle, Meinungen und Gedanken mitzuteilen. Gleichzeitig üben sie, anderen zuzuhören und sie aussprechen zu lassen. Die Kinder erfahren im Umgang mit Büchern, dass nicht nur Geschichten erzählt werden, sondern Bücher auch eine wichtige Informationsquelle darstellen. So haben zum Beispiel die Sachbücher über die Tiere der Polargegenden den Wortschatz der Kinder bereichert, indem sie erfahren haben, wie Tiergruppen, abhängig von der Anzahl der Exemplare, bezeichnet werden. Sie wissen jetzt, was ein Rudel oder eine Tierkolonie ist. Die vielen Informationen über die Lebenswelt des Eisbären, die wir aus den Büchern gewinnen konnten, inspirieren uns, gemeinsam mit den Kindern unseren eigenen Nordpol zu kreieren.

Unser Nordpol aus Styropor
Eine Polarlandschaft aus dem Baumarkt

Material:
- Styropor
- Weißer Füllschaum
- Heißes Messer (der Raum muss gut belüftet sein oder die Arbeiten draußen durchführen)
- Klebstoff
- Blaues Papier
- Papierausstanzer
- Tierfiguren

Welche Materialien brauchen wir für eine große Landschaft für Eisbären? In kleinen Gruppen überlegen sich die Kinder, dass sie eine Platte als Untergrund benötigen, Styropor für Eisschollen und Kleber zum Befestigen. Mit den Kindern besorgen wir das Material im Baumarkt. Zielgerichtet steuern wir in die Abteilung „Baumaterialien" und stoßen auf eine Dose „Weißer Füllschaum", die wir als perfekt zum Gestalten einer Eislandschaft ansehen. Einige Kugeln und Blöcke aus Styropor bekommen wir netterweise von den Baumarktleuten geschenkt. Zurück in der Kita geht es auch gleich los: Die Platte, auf der wir unsere Landschaft gestalten wollen, ist ein ausrangierter Tisch. Mit Handschuhen bewaffnet und aus reichlichem Abstand drücken wir den Füllschaum aus der Dose und ein weißer Berg entsteht. Die Kinder betrachten genau unser Vorgehen und sind begeistert über die Masse, die der Meinung der Kinder nach eine „Eisbärenhöhle" sein könnte. Für einige Kinder sieht es aus wie „Sahne", für andere ist es „Marshmallow-Creme". Nach einer längeren Trocknungszeit können wir uns der Bearbeitung des Füllschaumberges widmen. Ein Vater stellt uns ein spezielles Werkzeug zum Schneiden von Styropor zur Verfügung, das sogenannte Heiße Messer. Mithilfe dieses Werkzeugs lassen sich der erstarrte Füllschaum und der Styroporblock wie Butter schneiden. Die Kinder kleben abgetrennte Styroporstücke als Eisschollen auf die Tischplatte und befestigen halbierte Styroporkugeln auf der Schaumhöhle. Am Ende wird die Landschaft mit Eisflocken verziert, die die Kinder mit einem Ausstanzer aus blauem Papier hergestellt haben. Abschließend werden kleine Eisbärenfiguren auf der Landschaft platziert.
Seither bespielen die Kinder die Eislandschaft mit viel Freude. Es werden auch immer wieder einmal andere Tiere in die Landschaft gesetzt, die einem Eisbären sonst kaum begegnen würden – etwa ein weißer Tiger oder Pinguine.

Schneelandschaft aus Styropor und Füllschaum: Da gefällt es den Eisbären

Einem Naturphänomen auf der Spur
Polarlichter-Kinderkunst

Sachwissen: Polarlichter

Polarlichter kann man meist nur in den Polargebieten auf der Nord- und Südhalbkugel sehen. Im Norden heißen sie dann Nordlichter oder Aurora borealis und am Südpol nennt man sie Südlichter oder Aurora australis.
Und wie entstehen nun diese Lichter? Alles beginnt mit einem Sonnenwind oder Sonnensturm. Bei einem solchen Ereignis werden energiegeladene Teilchen von der Sonne ausgestoßen. Gelangen solche Teilchen in die Nähe unserer Erde, so lenkt das Magnetfeld der Erde sie um: immer in Richtung der Pole. Dort treten sie in die Atmosphäre der Erde ein und erzeugen beim Zusammenstoß mit den dort vorhandenen Atomen das typische Leuchten. Nur bei großer Sonnenaktivität sind die seltsamen Lichter vielleicht auch einmal bis in unsere Breiten sichtbar. Allerdings kann man Polarlichter nur nachts bei klarer Sicht erkennen. In den Gegenden um die Pole sind die Nächte in den betreffenden Jahreszeiten (am Nordpol im Winter, am Südpol im Sommer) sehr lang, nur mittags wird es kurz dämmerig, sonst ist es dunkel.

Material:

- Fotos von Polarlichtern
- Zeichenpapier
- Wasservermalbare Buntstifte
- Pinsel in Stärke Nr. 8
- Fotos von Eisbären
- Weißes Papier
- Klebstoff
- Weißer Fotokarton
- Gouache oder Tuschfarbe
- Borstenpinsel Nr. 24

In unseren Sachbüchern entdecken die Kinder Abbildungen von Polarlichtern. Dieses physikalische Phänomen fasziniert die Kinder sehr. Woher kommen diese Lichter? Jasmin überlegt: „Da macht jemand ein Licht an!" und Lukas fragt: „Und woher kommt der Strom im Himmel?" Ylvie meint: „Vielleicht steckt ein Eisbär den Stecker in die Steckdose!" – Diese Idee fanden wir alle witzig. Zur Veranschaulichung dieses Naturereignisses stellen wir im Stuhlkreis mithilfe einer „Sonne", der Weltkugel und eines Magneten die Entstehung der Polarlichter dar.

Auf unserem Tablet-PC laufen Beispiele schöner Polarlichter in der Endlosschleife, denn die Kinder können sich immer wieder an dem geheimnisvollen Leuchten erfreuen. Die Kinder malen zuerst mit wasservermalbaren Buntstiften auf Zeichenpapier Polarlichter. Mit einem nassen Pinsel verteilen sie die Farben so, dass tatsächlich der Eindruck von Polarlichtern entsteht. Wir lassen das Papier trocknen. Inzwischen zeichnen die Kinder nach realistischen Vorbildern einen Eisbären, den sie anschließend ausschneiden und auf das getrocknete Papier kleben. Ein erstes Polarlichterbild ist fertig, aber wie wäre es, den Lichterzauber mit richtigen Malfarben auf großem Format darzustellen?

Eisbär unter Polarlichtern: arktische Kunst aus Kinderhand

Noch größere Polarlichterbilder entstehen im Anschluss auf der Staffelei. Diesmal dürfen die Kinder Gouache benutzen, um die Farbphänomene nachzumalen. Die Zeichenblätter haben wir mit einem Rand versehen; die Begrenzung hilft beim Auftragen der Farbe. Jedes Kind wählt seine Farbtöne aus. Wir zeigen den Kindern, wie sie mit stark verdünnter Farbe die Stofflichkeit von Polarlichtern darstellen können. Die Lichter erscheinen farbig, leicht und transparent. Nach der vorherigen kleinen Übung trauen sich die Kinder nun an die Aufgabe heran. Mit langen, sehr dicken Borstenpinseln (Stärke 24) verteilen sie großzügig verdünnte Farbe.

Wir trocknen die Bilder mit einem Föhn. Nun sollen die Kinder überlegen, wie ihr Eisbär in das Bild platziert werden soll. Aus weißem Papier reißen die Kinder ein Stück als Umgebung oder Untergrund für ihren Bären, dann zeichnen sie auf ein Blatt Papier einen Eisbären, schneiden ihn aus und kleben beide Teile auf das Bild, zuerst den Untergrund, dann den Bären.

Die Kinder kennen sich mit den Lebensgewohnheiten des Bären schon aus und überlegen, wo er sich in der Polarnacht befinden soll. Ilayda überlegt: „In einer Höhle." Lucas: „Auf dem Festland." Die Kinder wissen, dass die Bärenmutter ihre Jungen in einer Höhle zur Welt bringt, das spricht die Kinder an. Wir fragen die Kinder, wie sie den Weg finden, da doch alles rundherum weiß ist? Mia sagt: „Der Vater sieht die Pfotenabdrücke und findet zurück."

Wir fragen die Kinder, was ihre Eisbären gerade erleben und ob sie sich in der langen Dunkelzeit am Nordpol fürchten? „Eisbären haben keine Angst vor Gespenstern", ist sich Ilayda sicher. „Die haben keine Angst, die sind an die Dunkelheit gewöhnt", erklärt Lucas. Noch mehr Fragen werden aufgeworfen, beispielsweise ob Eisbärenmamas ihre Jungen im Schnee überhaupt erkennen und wiederfinden können, wenn alles weiß ist. Auf diese Frage finden wir in unseren Büchern keine Antwort. „Vielleicht", mutmaßen die Kinder, „können sie ihre Kinder am Geruch erkennen."

Material:

- Rasierschaum
- Gefärbtes Wasser
- Trinkhalme oder Pipetten
- Zeichenpapier

Leuchten aus der Dose

Polarlichter aus Rasierschaum

Wir bieten den Kindern eine weitere interessante Variante an, Polarlichter darzustellen. Zuerst suchen sich die Kinder eine Abbildung eines Polarlichtes aus, das sie dann auf ungewöhnliche Weise gestalten können. Dazu sprühen die Kinder Rasierschaum auf unseren Glastisch und verteilen ihn; dann nehmen sie mithilfe eines Trinkhalms mit Tuschfarben gefärbtes Wasser auf und lassen es auf die Rasierschaumfläche tropfen. Genauso gut oder vielleicht auch noch besser klappt das mit Pipetten. Nachdem sie den Schaum nach ihrem eigenen Ermessen mit verschiedenen Farben benetzt haben, legen die Kinder ein Blatt weißes Papier über die Fläche, drücken es leicht an und heben es wieder ab. Zum Vorschein kommt ein kleines und sehr ungewöhnliches Kunstwerk.

Sachwissen: Interessante Fakten über Eisbären

1) Eisbären leben in einem riesigen Gebiet rund um den Nordpol. Sie können täglich bis zu 70 km zurücklegen, ohne müde zu werden. Aber auch schwimmen und tauchen können sie.
2) In den Sommermonaten, wenn das Packeis bricht, kehren die Eisbären aufs Festland zurück. Sie ernähren sich dann von Lemmingen, Flechten, Beeren und Schneehasen.
3) Der Eisbär frisst nur Haut und Fell sowie die darunterliegende Speckschicht der Robben, die Reste überlässt er dem Eisfuchs.

Wie hält man es in der Kälte aus?

Ein Iglu entsteht

Mit den Kindern sehen wir uns illustrierte Landkarten beider Pole an. Die Kinder erkennen anhand der Bebilderung, dass in der Antarktis außer einigen Forschern und Touristen keine Menschen leben – es gibt keine Ureinwohner wie die Inuit in der Arktis. Aber warum ist das so? Die Kinder stellen Vermutungen an. Ilayda schlägt vor: „Es ist zu kalt", und Lukas meint: „Die Menschen können da nicht einkaufen fahren, weil das Meer vereist ist."

Wir recherchieren in den uns zur Verfügung stehenden Medien: In der Antarktis herrschen Temperaturen bis zu -89 °C, außerdem weht ein eisiger Wind, wodurch kein dauerhaftes Leben in der südlichen Polarregion möglich wäre. Die Ausnahme sind Forschungsstationen, diese können aber nur bei „milderen" Temperaturen um die -45 °C besetzt werden. In der Arktis, wo auch der Eisbär beheimatet ist, ist es stellenweise etwas „wärmer" und menschliches Leben möglich. In unseren Unterlagen lesen wir, dass die in den arktischen Polarregionen lebenden Inuit ein Schneehaus (Iglu) in nur einer halben Stunde bauen können. Große Blöcke werden mit Messern aus festem Schnee herausgeschnitten und spiralförmig aneinandergesetzt. Die Fugen werden mit losem Schnee gestopft. Oben bleibt ein kleines Luftloch offen. Damit es innen nicht ganz dunkel ist, werden Fenster aus Eisscheiben oder aus durchsichtigem Seehunddarm eingebaut. Als Eingang bauen sie einen Tunnel, damit Wind und Kälte nicht eindringen können.

Auch im Gruppenraum soll ein Iglu entstehen. Die Kinder überlegen, dass ein echtes Iglu nicht geht, da es ja schmelzen würde. Mia schlägt daraufhin vor: „Wir könnten Kartons aufstapeln und anmalen." Und Sharon erinnert sich: „Ich habe schon mal ein Spielzelt gesehen, das hatte die Form wie ein Iglu."

Bevor wir uns ein Spielzelt besorgen, konstruieren die Kinder auf Zeichenpapier Iglus, sie nehmen dazu einen Bleistift und ein Lineal. Ihre Konstruktionen übertragen sie auf ein weißes Bettlaken. Sie malen mit blauen Stoffmalern die Schneeblöcke auf das Laken.

Ein Spielzelt ist schnell gefunden. Jetzt fehlt nur noch die Außenschicht: Dazu werfen die Kinder das Laken über das Zelt. Mit Schaffellen, die in „Karibufelle" umbenannt werden, wird das „Iglu" nun täglich intensiv bespielt. Die Kinder schlüpfen in die Rollen von Inuit und spielen ihr Leben nach. Auch wird das Iglu gern als Rückzugsort im belebten Gruppenraum genutzt.

Bauskizze für ein eigenes Iglu: hier mit dem Lineal gemacht

Wie kalt ist eiskalt?
Eisige Temperaturen messen

Wir kaufen für die Gruppe ein Außenthermometer und legen ein weiteres in die Tiefkühltruhe. Nach einer längeren Kühlungszeit müssen wir feststellen, dass wir mit den extrem niedrigen Temperaturen auf den Polen nicht mithalten können. Außerdem können unsere handelsüblichen Thermometer nur eine Temperatur von bis -20 °C anzeigen.
Wir veranschaulichen die Kälte am Südpol mithilfe eines Thermometers, das die Kinder auf Papier zeichnen. Auf diesem Thcrmometer (ca. 65 cm lang) zeichnen sie Temperaturanzeigen in Fünferschritten von + 15 °C bis - 95 °C ein. Unter diesem großen Thermometer haben die Kinder eine Anzeigetafel befestigt, auf der sie unsere täglichen Temperaturmessungen eintragen, um sie mit den Werten an den Polen zu vergleichen.

„Was ist ein Thermometer? Ich kenne kein Thermometer, ich kenne nur einen Thermomix."
(Jasmin)

Ein Eisbär zum Essen und was uns die Arktis gebracht hat
Abschluss und Fazit

Unser Projekt „Der Eisbär lebt am Nordpol" beenden wir mit einer Gesprächsrunde über den Verlauf des Projektes. Was hat den Kindern am Projekt besonders gefallen? Lucas: „Die Eislandschaft bauen und Polarlichter herstellen!" Fabian meint: „Der große Eisbär hat mir gefallen und das Geschichtenerfinden!" Und Ylvie erzählt uns: „Der Rieseneisbär. Und Polarlichter mit Rasierschaum matschen war toll!"

Als kleine Belohnung kreieren wir noch einen Eisbärenkopf aus Kuchenteig. Mit Zuckerguss bekommt der Bär sein weißes Fell, Augen und die Schnauze werden durch dunkle Kekse hervorgehoben. Den fertigen Eisbärenkuchen lassen wir uns dann gemeinsam schmecken.
In unserer Konzeption betonen wir den Anspruch auf Bildung. Den Anspruch haben wir versucht mit dem Projekt „Der Eisbär lebt in der Arktis" einzulösen. Kinder wollen lernen, das konnten sie in diesem Projekt. Wir gaben den Kindern auch immer wieder die Möglichkeit, in Gemeinschaft über die Inhalte des Projekts zu sprechen. Und auch Sprach- und Sozialkompetenz fördern die Kinder in Gemeinschaftsprojekten ganz von selbst.

Was hat euch am Projekt am besten gefallen?

„Dass wir bei Annette in der Eisdiele waren."

(Lukas)

So könnte Ihr Eisbär-Projekt weitergehen:

Mein Eisbär-Buch:

Jedes Kind macht sich sein eigenes Eisbär-Buch. Dazu werden DIN-A4-Blätter in der Mitte gefaltet, der Buchdeckel ist aus Tonpapier. Den Mittelfalz vernähen Sie für die Kinder entweder mit der Nähmaschine oder mit einer großen Nadel und einem dicken Faden. Jedes Kind klebt Zeichnungen in das Buch oder stempelt Tiere hinein. Vielleicht möchten sich die Kinder auch Eisbär-Geschichten ausdenken, die sie in ihrem Buch aufschreiben lassen?

Eislandschaften:

Eine Collage aus verschiedenen weißen Papiersorten ergibt eine Polarlandschaft. Die Kinder reißen dazu verschiedene Papiere in Stücke. Auf hellblauem Tonpapier kleben sie das Papier zu einer Eislandschaft mit Bergen, Schneedünen, Gletschern und Meer.

Eisbär-Tischspiel:

Spielfiguren aus selbsthärtender Knetmasse in Form von Eisbären ziehen über einen großen Bogen Pappe, den die Kinder statt mit Spielfeldern mit Eisschollen bemalen. Wer schafft es mit dem Würfel am schnellsten vom Start auf die Robbeninsel (Ziel)? Da fallen den Kindern bestimmt noch viele spannende Spielregeln ein.

„Herr Eichhorn und kein Schnee in Sicht“

Ein Waldtiere-Projekt

Die Kinder betrachten immer wieder das bekannte Bilderbuch „Herr Eichhorn und der erste Schnee“ von Sebastian Meschenmoser. Genau wie im Bilderbuch lässt sich auch bei uns keine einzige Schneeflocke blicken, denn dafür ist es noch zu früh im Jahr. Im Bilderbuch erfährt Herr Eichhorn, wie schön Schnee ist. Als Winterruher hatte Herr Eichhorn ihn bisher nämlich noch nicht erlebt. Mit Igel und Bär, denen es ebenso geht, versuchen die Tiere gemeinsam, die erste Schneeflocke zu finden. Das Interesse der Kinder verlagert sich vom ersten Schnee in der Geschichte auf die Tiere, die im Wald leben – und ein Waldtiere-Projekt ist geboren.

Guten Tag, Herr Eichhorn

Das Projekt beginnt im Wald

Zu Beginn des Waldtiere-Projekts richten wir eine Ausstellungsfläche ein

Für unser Waldtiere-Projekt tragen wir Bücher, Stofftiere und Schleichtiere zusammen; Naturmaterialien wie Baumstämme, Baumscheiben, Äste, Zapfen und Nüsse ergänzen und bereichern unsere Projektausstellung. Die Kinder benutzen die Ausstellungsfläche als Spielbühne für selbst kreierte Rollenspiele. Spontan schlüpfen sie in die Rollen von verschiedenen Waldtieren und bauen Nester und Wohnhöhlen. Dann kommen sie auf die Idee, einen Baumscheibenpfad im Gruppenraum zu arrangieren. Dazu legen sie die Baumscheiben aus, schlüpfen in die Rolle von Eichhörnchen, springen von Baum zu Baum und spielen Futtersuche. Ein Großvater stellt uns eine Futterstelle für Eichhörnchen zur Verfügung, die wir mit den Kindern an einem Baum anbringen, sodass wir sie von unseren Räumlichkeiten aus beobachten können. Die Kinder bringen dafür Haselnüsse und Walnüsse mit.

Tipps zur Beobachtung: Kinder und Tiere

Schon Säuglinge ab dem sechsten Lebensmonat können Tiere von unbelebten Objekten unterscheiden. Tiere sind für Kinder schon immer interessant: Etwas, das sich eigenständig bewegt und ein Gesicht hat, zieht besondere Aufmerksamkeit auf sich. Eine Neugierde, die zu einem Teil in der Evolution begründet liegt und angeboren sein dürfte, wie neuere Studien, unter anderem der Heidelberger Professorin für Bio- und Entwicklungspsychologie Sabina Pauen, belegen.

Eichhörnchen wie gedruckt
Stempel selbst gemacht

Material:
- Zeichnung/Vorlage von einem Eichhörnchen (etwa aus einem Kinderbuch)
- Transparent- bzw. Architektenpapier
- Kreppklebeband
- Bleistift (beispielsweise in der Härte 3B)
- Moosgummi (nicht zu dünn)
- Pappe
- Klebstoff
- Flüssige Farbe oder Stempelkissen
- Feine Pinsel (z. B. in den Stärken 4 und 6)

Weil die Kinder Herrn Eichhorn aus dem Bilderbuch so mögen, können sie sich einen Eichhörnchen-Stempel herstellen. Diesen Stempel können sie immer wieder für verschiedene Arten der kreativen Gestaltung einsetzen – für Bilder, Collagen oder selbst hergestellte Bücher. Michel, gerade erst vier Jahre alt geworden, fertigt für die Eichhörnchen einen Tannenbaumstempel an; das wird später die Tiere erfreuen, denn ein Leben ohne Bäume ist für sie keines, sagt er. Aus einem Buch fotokopieren wir für jedes Kind die Zeichnung eines Eichhörnchens, es dient uns als Vorlage für den Stempel. Die Herstellung eines Stempels aus Moosgummi erfolgt Schritt für Schritt. Zuerst legen die Kinder ein kleines Stück Architektenpapier auf ihr Motiv. Mit einem Bleistift zeichnen sie die Umrisse des Motivs auf das Papier und malen Merkmale wie Augen oder Schwanz dazu. Dann nehmen sie das Papier ab, drehen es um und legen es auf helles Moosgummi. Sie schraffieren die Fläche des Motivs, auf diese Weise wird es auf dem Moosgummi abgebildet. Anschließend schneiden sie ihr Eichhörnchen aus Moosgummi aus und kleben es auf eine weitere Schicht Moosgummi, um die Stempelfläche zu erhöhen. Dann kleben sie das Moosgummi auf Wellpappe. Mit Farbe bepinseln sie ihr Motiv und drucken es auf Papier.

Michel zeichnet mit unserer Hilfe einen Tannenbaum und verfährt wie oben beschrieben. Er mischt gelbe und blaue Farbe und erhält auf diese Weise einen grünen Farbton. Die braune Farbe nimmt er sich von den Mädchen, die damit die Eichhörnchen kolorieren, und benetzt den Baumstamm damit. Nun kann er einen ganzen Wald stempeln. Die anderen Kinder benutzen auch seinen Stempel und platzieren dann ihr Eichhörnchen zwischen den Bäumen.

Michel fertigt einen Tannenbaum-Stempel an und ein ganzer Wald entsteht

Die Walnuss ist weg!
Eichhörnchen-Spielideen

„Herr Eichhorn, Herr Eichhorn, deine Walnuss ist weg!" heißt unser neues Spiel, eine Abwandlung des beliebten Spiels „Bello, Bello, dein Knochen ist weg". Ein Kind legt sich als schlafendes Eichhörnchen mit geschlossenen Augen in der Sitzkreismitte auf den Boden. Vor seinem Kopf liegt eine Walnuss. Der Spielleiter deutet auf ein Kind. Dieses schleicht leise zur Nuss, nimmt sie an sich und setzt sich wieder an seinen Platz zurück. Alle Mitspieler nehmen die Hände auf den Rücken. Dann rufen sie laut: „Herr Eichhorn, Herr Eichhorn, deine Walnuss ist weg!" Das Eichhörnchen erwacht und geht zu einem Kind. Es kratzt sanft mit den „Pfoten" am Stuhl des Kindes. Daraufhin zeigt das Kind seine Hände. Hat es die Walnuss, wird es nun selbst zum Eichhörnchen. Sind seine Hände leer, geht das Eichhörnchen zum nächsten Spieler und kratzt mit den Pfoten. Es hat drei Versuche. Findet es dadurch seine Walnuss nicht wieder, zeigen alle ihre Hände und Herr Eichhorn kann sehen, wer sie hat. Daraufhin wird ein neuer „Herr Eichhorn" bestimmt und das Spiel beginnt wieder von vorne.

Eichhörnchen und Adler
Ein Bewegungsspiel aus dem Fantasie-Wald

Ein weiterer Einfall entsteht in gemütlicher Runde beim Anhören der CD „So leben die kleinen Eichhörnchen". Die Kinder erfahren wissenswerte Sachinformationen über Gefahren, denen Eichhörnchen ausgesetzt sind, über ihre Futtersuche und die Aufzucht des Nachwuchses. Das Thema „Gefahr" regt die Kinder an, sie machen sich sofort Gedanken, wie sich Eichhörnchen in Sicherheit bringen können, und denken sich dazu ein Spiel aus: Sophie überlegt: „Das Eichhörnchen soll um den Baum rennen." Erik schlägt daraufhin vor: „Und wird vom Adler gejagt, ein Kind könnte der Adler sein." Die Umsetzung erfolgt schon am nächsten Tag: Zwei Kinder spielen den Baum, ein Kind schlüpft in die Rolle eines Eichhörnchens und ein weiteres Kind stellt den Adler dar. Das Eichhörnchen rennt ganz schnell im Kreis um den Baumstamm herum, um seinem Feind, dem Raubvogel, zu entkommen, so wie es auch in der Wirklichkeit ist. Eine einprägsame Melodie und einen kurzen Text denken sich die Kinder dazu selbst aus. Zum Schluss rettet sich das Eichhörnchen in seinen Kobel, sein Nest im

Baum. Wir staunen: Bewegungsspiele müssen nicht angeleitet sein, sie müssen noch nicht einmal eine Grundidee bieten. Die Kinder haben sich alles ganz allein ausgedacht.

Welches Waldtier magst du?
Ein Kreativangebot mit selbst gemachten Stempeln

Material:

- Waldtiere-Stempel (vgl. Seite 56)
- Stabiles Zeichenpapier
- Flüssige Farben
- Pinsel
- Klebstoff
- Scheren

Die Kinder stellen nach dem Eichhörnchen-Stempel von Seite 56 noch mehr Waldtiere-Stempel auf die gleiche Art her. Anschließend suchen die Kinder sich zwei oder mehr Tierstempel aus, mischen den entsprechenden Braunton für ihr Tier aus roter, blauer und gelber flüssiger Farbe und stempeln auf das Blatt Papier. Die Vorstellungen der Kinder und ihre Erzählungen zu ihren Darstellungen schreiben wir auf und lesen einige davon vor. Johanna erklärt: „Der Igel läuft woanders hin und das Eichhörnchen fängt schnell den Fuchs." Und Mattis erzählt: „Sie spielen in meinem Garten Verstecken. Das Eichhörnchen kommt zum Spielen vom Baum runter, weil der Fuchs nicht klettern kann."

Eichhörnchen in der Turnhalle
Futtersuche und Äste klettern

Auch unser Sportangebot in der Turnhalle richtet sich nach den Interessen der Kinder, sie möchten gern in die Rolle des Eichhörnchens schlüpfen und so tun, als ob sie Futter suchen würden. Die Aufgabe besteht darin, Nüsse aus einem Korb in einen Reifen – das Eichhörnchennest – zu bringen. Dies geschieht, indem die Kinder über Seile, die die Äste darstellen, vom Kobel zum Körbchen und wieder zurück balancieren. Auf Socken können sie das Seil gut spüren und so ihre Balance ausprobieren.

Sachwissen: Eichhörnchen

Das Eichhörnchen ist ein Baumtier, das sich vorwiegend in den Kronen von Bäumen aufhält. Mit seinen spitzen Krallen kann es selbst an glatten Stämmen klettern. Es kann sehr weit springen – etwa 4 bis 5 m – und auf diese Weise die Bäume wechseln, ohne den Boden zu berühren. Sein buschiger Schwanz dient ihm dabei als Steuer.
Das muntere Tierchen ernährt sich von Eicheln, Bucheckern, Nüssen, von Fichten-, Tannen- und Kiefernsamen, von Beeren und Pilzen sowie von Knospen, jungen Trieben und Baumrinde. Im Sommer beginnen die Eichhörnchen, sich Vorratskammern anzulegen, damit sie im Winter etwas zu fressen haben. Manchmal vergessen sie eines ihrer Verstecke. Die dort gelagerten Baumfrüchte wachsen dann als Keimlinge und ein neuer Baum entsteht. Der schlimmste Feind des Eichhörnchens ist der Habicht, aber auch Fuchs, Marder und Eulen stellen ihm nach.
Drei bis sieben Junge wachsen in einem Kobel auf; so nennt man das Nest der Eichhörnchen, das aus Reisig hergestellt und mit Moos und Laub ausgepolstert ist.
Eichhörnchen halten keinen Winterschlaf, sondern nur Winterruhe: Wenn das Eichhörnchen während dieser Zeit Hunger bekommt, sucht es seine Futterverstecke auf – wenn es sie wiederfindet.

XXL-Waldwandbild

Wie der Wald sich an unserer Gruppenraumwand breitmacht

Ein großes Waldbild mit Tierspuren: Das möchten die Kinder gern gestalten. Auf Fotokarton kleben sie Moos, kleine Zweige, Laub, Eicheln, Rinde, Baumsamen und Sand. Zuerst stellen sie dann einen Teil eines Waldweges dar, um Waldtiere mit den entsprechenden Spuren durch den Wald spazieren zu lassen. Sie fertigen einen Fuchs aus Fellresten an, ein Eichhörnchen aus Pappe und Fellresten, Igel aus Zapfenschuppen und einen Hirsch mit Geweih aus Pappe. Die Fährten der Tiere werden auf kleine Papierabschnitte gemalt, die Abschnitte auf selbst abgesägte kleine Astscheiben geklebt und den entsprechenden Tieren zugeordnet. So können die Kinder das Bild an der Wand immer wieder bespielen und die Spuren den richtigen Tieren zuordnen.

Die Waldmaus kommt dazu
Ein neues Waldtier in der Kita

Material:
- 1 sehr großer Bogen Fotokarton
- Laub, Kleine Zweige, Moos, Baumsamen
- Sand
- Klebstoff, Leim
- Tierfiguren aus Pappe und Holz
- Tierfotos
- Scheren
- Kleine Holzstücke
- Lederreste

Werkzeug:
- Holzwerkzeug
- Brennpeter

Einige Zeit später bekommt unser Waldbild noch einen Bewohner mehr: die Waldmaus. Dieses kleine Tier fertigen die Kinder in der Holzwerkstatt selbst an. In unserer Werkstatt machen die Kinder sich erst mit den Werkzeugen vertraut. Die gesammelten Äste von einem Waldspaziergang nutzen wir als Baumaterial. Es wird geraspelt, gefeilt, gesägt und gebohrt. Die Maus bekommt Ohren und Schwänzchen aus Leder und mit dem „Brennpeter" brennen die Kinder kleine schwarze Augen ins Holz. Die fertige Maus setzen sie in das Waldbild, sie hinterlässt wie alle anderen Tiere ihre Spuren.

Eines Tages fällt Erik auf, dass in dem Wald kein Wildschwein wohnt. Er nimmt sich die Abbildung eines Wildschweins, schneidet es aus, klebt ihm noch einen Eckzahn auf und sucht einen entsprechenden Platz. Er wählt die Moosstelle, weil Wildschweine dort alles aufwühlen können. Michel und Erik erinnern sich daran, dass sie diese Plätze bei unserer letzten Walderkundung gesehen haben.

Unser großes Bild ist ein Anziehungspunkt im Gruppenraum. Die Collage ist mittlerweile zum „Waldsuchbild" für Erwachsene und Kinder geworden, da sich die Tiere auf dem Hintergrund der Naturmaterialien gut tarnen und nicht auf den ersten Blick zu sehen sind – ganz so wie im natürlichen Umfeld des Waldes. Die Kinder suchen die Tiere, schauen nach den Spuren und erzählen sich kleine Geschichten dazu.

Tipps zur Beobachtung: Werkzeuggebrauch bei Kindern

Natürlich sind echte Werkzeuge nicht ganz ungefährlich. Aber die Argumente für einen frühen Werkzeuggebrauch sind so überzeugend, dass Sie überlegen sollten, ob Sie Ihren Kindern die Erfahrung von echtem Werkzeug wirklich vorenthalten wollen. Kinder profitieren in hohem Maße davon, mit echtem Werkzeug umzugehen und mit eigener Hand ein Werkstück zu schaffen. Werkzeug verlangt Respekt und Achtsamkeit im Umgang. Die falsche Handhabung birgt ein Verletzungsrisiko. Zu lernen, mit potenziell gefährlichen Werkzeugen zu hantieren, stärkt das Selbstbewusstsein und erfordert die Übernahme von Verantwortung für das eigene Handeln. Gerade bei der Verarbeitung von Holz schulen die Kinder Fähigkeiten wie Geduld, Ausdauer und Genauigkeit. Die Frustrationstoleranz wird gestärkt und die Hand-Auge-Koordination gefördert.

Geweihe, Schädel, Schlangenhäute

Zufallsfunde bereichern unser Projekt

Darstellung eines Hirschgeweihs – die Kinder wissen: Rehböcke haben kein Geweih, sondern ein Gehörn

Im Stuhlkreis gibt es immer wieder etwas zu betrachten. Ein Kind aus einer anderen Gruppe bringt einen skelettierten Wildschweinkopf mit in die Kita, den es im Wald gefunden hat. Während des Stuhlkreises reichen wir den Fund herum und nehmen ihn genau in Augenschein. Dann bringt unsere Kollegin Mandy zwei große Hirschgeweihe von zu Hause mit: einen Fünfender und einen Sechsender. Die Kinder bestaunen, befühlen und vermessen die Geweihe, sie vergleichen die beiden, tragen sie herum und schätzen das Gewicht. Die Kinder stellen Fragen und äußern Vermutungen, zum Beispiel fragt Michel: „Die großen Geweihe haben in deinen Kofferraum gepasst?" Karl möchte wissen: „Wo ist es abgebrochen?" und Ole vermutet: „Es ist am Baum hängen geblieben." Maxi hat noch eine andere Idee: „Oder der Jäger hat den Hirsch geschossen."

In Sachbüchern finden die Kinder die Lösung: Dort steht doch tatsächlich, dass Hirsche jedes Jahr ihr Geweih abwerfen und sich dann ein neues, größeres Geweih bildet. Auch viele Informationen über das Leben dieser Tiere und neue Begrifflichkeiten wie „Rudel", „Hirschkuh" und „Leitkuh" eignen sich die Kinder an.

Geweihe, Schädel, Schlangenhäute

Wie man eine Schlangenhaut malt

Eines Tages, unser Projekt läuft nun schon eine Weile und hat immer noch nichts an Reiz verloren, bringt Karl die Haut einer Ringelnatter mit. Mit seinem Großvater hat er sie hinter einem Gebüsch im Garten gefunden. Die Haut fühlt sich an wie Papier und knistert ein wenig. Betrachtet man sie genau, entdeckt man die schuppigen Strukturen. Auch ich hatte schon einmal Ringelnatter-Kontakt, und zwar während eines Urlaubs: Beim Baden in einem See entdeckte ich eine schwimmende Schlange. Aufgeregt rief ich den anderen Badenden zu: „Eine Schlange, eine Schlange!" Da stellte sich im Gespräch mit den anderen Badegästen heraus, dass es sich bei der Schlange um eine harmlose Ringelnatter handelt, die dort im Sommer immer anzutreffen ist und sich durch die vielen Menschen nicht stören lässt. Diese Geschichte beeindruckt die Kinder sehr. Ist eine Ringelnatter wirklich harmlos? Warum leben Schlangen im Wasser?
Mit Stiften malen die Kinder immer wieder Schlangen und Schlangenlinien auf Papier. Aber sie möchten gern noch mehr gestalten, deshalb stellen wir ihnen von uns selbst hergestellte Stempel aus Moosgummi zur Verfügung. Kleine Stücke des Moosgummis haben wir mit dem Bleistift mit einer schuppenartigen Struktur versehen und auf ein Stück Pappe geklebt. Mithilfe eines kleinen Pinsels bemalen die Kinder mit unverdünnter flüssiger Farbe den Stempel und drücken ihn in Wellenform auf Papier. Es bereitet den Kindern so viel Freude, dass einige gar nicht damit aufhören wollen – auf diese Weise entstehen lange Schlangen.

Dann bieten wir den Kindern die Möglichkeit, ein Gemeinschaftsbild herzustellen. Dazu legen wir die geklebte Struktur auf den Boden, befestigen ein großes Blatt Zeichenpapier und jedes Kind darf sich aus dem Angebot der Wachsmalstifte eine Farbe wählen. Mit vereinten Kräften schraffieren sie die Fläche. Später soll eine Schlange aufgemalt und ausgeschnitten werden.

Eine echte Ringelnatterhaut zum Befühlen gibt Impulse für die künstlerische Verarbeitung

Künstlerische Darstellung einer Ringelnatter-Schlangenhaut

Eine kleine Schlange
Ein Bewegungsspiel für den Morgenkreis

Die Kinder stehen in einem Kreis. Ein Kind ist die Schlange. Es läuft innen im Kreis herum. Dazu sagen oder singen alle Kinder den Schlangenspruch bis zur dritten Zeile. Dann sucht sich die Schlange ein Kind aus dem Kreis aus, stellt sich vor dieses und fragt: „Bist du ein Teil von mir?", ruft „Hey!" und springt in die Grätsche. Das zweite Kind krabbelt nun unter den Beinen der „Schlange" hindurch und hält sich dann am Rücken des Kindes fest. Nun laufen die beiden gemeinsam im Innenkreis und suchen wieder ein weiteres Kind. Das wiederholt sich so lange, bis alle Kinder zur Schlange gehören und dann die letzten Zeilen gemeinsam singen: „Sie hat gefunden ihren Schwanz und schlängelt sich nach Haus."

Eine kleine Schlange schlängelt sich
den Berg hinauf.
Sie hat verloren ihren Schwanz
und will ihn wiederhaben.

„Bist du ein Teil von mir? Hey!"

Sie hat gefunden ihren Schwanz
und schlängelt sich nach Haus.

Unsere Waldexkursion

Der Höhepunkt unseres Waldtiere-Projektes

Die Waldexkursion ist der Höhepunkt unseres Projektes. In fachkundiger Begleitung verbringen wir einen ereignisreichen Vormittag am Luchsweg im nahen Harz. Unsere Waldpädagogin sensibilisiert die Kinder, auf jegliche Art von Spuren der Waldtiere zu achten, beispielsweise auf Fellstücke, Federn, Abdrücke, Fraßspuren, angeknabberte Zapfen, Nüsse sowie auf die Losung (den Kot von Wildtieren).
Die Kinder befühlen die kleinen Fichten am Wegesrand. Einige der ersten Fundstücke sind Fellhaare, die die Kinder durch die Lupendosen vergrößert betrachten. Ilyda findet eine Eulenfeder, die ganz weich ist. Wegen der Weichheit dieser Federn sind Eulen beim Anflug auf ihre Beute kaum zu hören. Das sind neue, interessante Informationen für uns. Wir gehen an jungen Buchen vorbei, bei denen die Spitzen von Rehen abgeknabbert wurden. Dann beobachten die Kinder das Wimmeln auf mehreren Waldameisenhaufen. Im dichten Wald findet Rebecca ein kleines Rehgeweih und Erik unter alten Tannen ein Hirschgeweih. Die Kinder sind begeistert und entdecken auch noch die von Eichhörnchen hinterlassenen, abgeknabberten Zapfen. Und dann findet Sophie noch eine Kröte am Wegesrand, die wir uns genau ansehen.

Abschluss und Fazit
Ein Elternnachmittag und Reflexion im Team

Unser Waldtiere-Projekt findet seinen Abschluss an einem Eltern-Kind-Nachmittag. Wir wählen einen Ort in der Natur aus und beginnen mit einer Entenfütterung an einem Teich. Eine gemeinsame Wanderung führt uns zu einem Wildtierpark. Hier können wir aus nächster Nähe einen Fuchs und eine der seltenen Wildkatzen, den Luchs, sowie Eichhörnchen, Wildschweine und Schneeeulen sehen. Und dann springt auch noch zu unser aller Freude vor unseren Augen ein Eichhörnchen hin und her. Der Streichelzoo im Tierpark findet viel Anklang, doch dann lockt der große Spielplatz, auf dem sich die Kinder vergnügen. Da wir als Pädagogen bestrebt sind, den Kindern einen maximalen Spielraum zu geben und ihnen bei allen Aktivitäten viel Zeit zu lassen, waren sie diejenigen, die das Projekt vorantrieben. Die Kinder wurden nie belehrt, sondern ihre Neugierde und Wissbegierde wurden angeregt. Informationen bezogen sie aus Büchern und Abbildungen, durch Sammeln von Naturmaterialien und Beobachtungen. Sie bildeten Hypothesen, versetzten sich in die Rolle von Waldtieren und nahmen deren Perspektiven ein. Sie haben sich detailliertes Wissen über Waldtiere, deren Gewohnheiten, Fressverhalten und Schlafplätze angeeignet. An uns richteten die Kinder auch einige kritische Fragen, zum Beispiel warum Jäger Hirsche und Rehe erschießen. Uns wird klar: Das Thema „Waldtiere" ließe sich noch sehr lange fortführen.

So könnte Ihr Waldtiere-Projekt weitergehen:

Krabbler-Labor:

Die Kinder beschäftigen sich mit Krabbeltieren, die im Wald leben, und entwerfen eine Beinchen-Tabelle zur Krabbeltierbestimmung: Käfer (meist 6 Beine), Spinnen (8 Beine), Asseln (13 Beine), Tausendfüßler (etwa 100 Beine je nach Art).

Wald-Küche:

Was wächst im Wald und ist essbar? Erdbeeren, Himbeeren, Heidelbeeren, Brombeeren, Bucheckern (vor Verzehr rösten, da sonst giftig), Holunder- und Vogelbeeren (gekocht genießbar).

Amphibien-Forscher:

In fast jeder tiefen Waldpfütze können die Kinder Molche finden. Die kleinen Amphibien stehen inzwischen vielerorts unter Naturschutz und die Kinder sollten sie nach dem Angucken wieder freilassen. Auch Salamander können die Kinder im Wald finden. Mit etwas Glück begegnen sie auch Fröschen. Die besten Zeiten dafür sind Frühling und Frühsommer.

Pilze:

Im Wald gibt es zu jeder Jahreszeit Pilze zu entdecken. Nur ein kleiner Teil davon ist essbar. Dafür ist die Pilzvielfalt im Wald unendlich. Es gibt Ständerpilze mit Hut und Stiel, aber auch Bauchpilze und Flechten.

Mit Volldampf voraus!

Ein Eisenbahn-Projekt kommt ins Rollen

Täglich bauen die Kinder die Holzeisenbahn auf. Gerade ein Junge aus der Gruppe begeistert sich besonders für Eisenbahnen. Seine Faszination für Lokomotiven, Züge und Dampfloks reißt die anderen Kinder mit.

Wir starten im Stuhlkreis mit einer Fragerunde: „Was wollt ihr über die Eisenbahn wissen? Was wollt ihr über Lokomotiven erfahren?"

Levin möchte „mit der Eisenbahn nach Goslar fahren". Warum? „Die Eisenbahn kann pfeifen, da muss Kohle rein." Henri will lieber „alte Eisenbahnen anschauen". Moritz erklärt: „Wenn ich mit der Bahn fahre, denkt mein Papa immer, der Bahnhof fährt los." Das Gefühl, dass statt des eigenen Zuges ein anderer, nebenstehender Zug losfährt (oder gleich der ganze Bahnhof), kennt wahrscheinlich jeder vom Bahnfahren.

Unser Projekt beginnt
Ausstellungen, Litfaßsäulen und Ausflüge

Selbst Zug fahren: bald kein Traum mehr

Im Gruppenraum stellen wir eine Ausstellung zu unserem Thema zusammen. Aus der Stadtbücherei leihen wir uns Sach- und Bilderbücher. Eltern, die selbst bei der Bahn arbeiten, stellen uns viele Zugrequisiten zur Verfügung: Sogar einen Fahrgastsitz, einen Tachometer, einen Mantelhaken und einen Scheinwerfer bekommen wir – alles Originalteile aus Zügen.
Als erste Unternehmung besuchen wir den Bahnhof in Bad Harzburg. Auf dem Fußweg vom Parkplatz zum Bahnhof fällt den Kindern gleich die Signalanlage auf und auch die vielen Schienen, die alle zum Bahnhof führen, finden sie interessant. Sie bemerken sofort, dass man niemals die Gleise betreten darf. Auf dem Sackbahnhof sind alte, sehr große Eisenbahnräder aufgebaut, von denen die Kinder sehr beeindruckt sind.
Als wir uns auf den Bahnsteigen umschauen, nennen die Kinder die Gleisnummern; sie freuen sich, auch hier ihre Kenntnisse über Zahlen zum Besten geben zu können.
Dann schauen wir uns mit den Kindern im Bahnhofsgebäude um und nehmen den Fahrkartenautomaten und die Fahrpläne in Augenschein, besuchen das Reisezentrum und nehmen von dort Prospektmaterial mit. Zum Schluss haben wir das große Glück, einen Zug von innen besichtigen zu dürfen. Für die Kinder ist es ein Erlebnis, in den Zug einzusteigen und sich einen Sitzplatz auszusuchen. Spätestens zu diesem Zeitpunkt wünscht sich jedes Kind, möglichst bald einmal mit einem Zug zu fahren – dazu sollen sie schon bald Gelegenheit bekommen.

Eisenbahn aus Papier und Stoff

Eindrücke verarbeiten in Collagen

Collage: Eisenbahn aus Stoffresten

Material:

- Prospekte und Werbebroschüren mit Zügen
- Tonkarton oder Pappe
- Klebstoff
- Stoffreste
- Scheren

Es ist schwierig, einen richtigen Zug zu malen. Die Kinder schneiden aus unserem mitgebrachten Prospektmaterial lieber verschiedene Abbildungen von Zügen aus und kleben sie auf Tonkarton, sodass eine Collage entsteht. Einige Kinder möchten lieber mit Stoffresten arbeiten. Sie kleben die Stoffstückchen so zusammen, dass am Schluss eine Lokomotive entsteht. Dabei orientieren sie sich an den Abbildungen in den Prospekten.

Sachwissen: Der Bahnhof

Das Wort „Bahnhof" wird seit 1830 als Bezeichnung für einen „Halteplatz der Eisenbahnzüge" verwendet. Es ist dem Wort „Posthof" nachgebildet, mit dem man früher einen Halteplatz für Postkutschen bezeichnete.

Information aus dem Bahnhof

Statt Litfaß: Unsere Eisenbahnsäule

Material:

- 1 hoher oder länglicher Karton (z. B. von Haushaltsgeräten)
- Scheren
- Teppichmesser/Cutter
- Klebstoff
- Prospekte und Broschüren über Eisenbahnen/Züge
- Bausteine

Eine selbst gemachte Litfaßsäule informiert alle Neugierigen über Züge, Bahnhöfe und Lokomotiven

Wir haben sehr viel Prospektmaterial über Eisenbahnen gesammelt, das uns auf die Idee bringt, eine „Eisenbahnsäule" zu bauen und mit den Abbildungen zu bekleben. Einen großen Karton, in dem ursprünglich ein Staubsauger verpackt war, füllen wir mit schweren Steinen, sodass er aufrechtsteht und nicht umfällt. Für die Füße benutzen wir vier Bausteine, die wir auf die Unterseite kleben. Dann kann es losgehen: Den Karton bekleben die Kinder komplett mit dem Material, dann stellen sie ihn im Gruppenraum auf. Er schmückt nicht nur den Raum, sondern immer wieder treffen sich einige Kinder vor der Säule, schauen sich die unterschiedlichen Eisenbahnmodelle an, diskutieren darüber und sind mächtig stolz, dass diese schöne Säule ihr eigenes Werk ist.

Schmalspur-Ausflug

Mit der Schmalspurbahn von Wernigerode in den Harz

„Mit Volldampf voraus" fahren wir mit der Brockenbahn vom Bahnhof Wernigerode bis nach Drei-Annen-Hohne. Schon von Weitem sehen wir auf dem Wernigeroder Bahnhof den Rauch der Dampfloks und können direkt miterleben, wie eine Lok an die bereitstehenden Waggons angekoppelt wird. Nachdem wir im nostalgischen Waggon Platz genommen haben, kann unsere Zugreise beginnen. Mit „gemütlicher" Reisegeschwindigkeit führt uns der Ausflug bei strahlendem Sonnenschein durch die Stadt Wernigerode mit ihren schönen alten Fachwerkhäusern. Helena (sie ist diese Strecke schon häufiger gefahren) kündigt uns einen Tunnel an. Einige Minuten später gibt die Lok tatsächlich ein lautes Signal und wir verschwinden für einige Sekunden in der Dunkelheit. Am Bahnhof in Drei-Annen-Hohne angekommen, haben alle Kinder nach dem Ausstieg die Möglichkeit, sich den Führerstand der Dampflok von innen anzuschauen. Der Lokführer zeigt jedem Kind den großen Ofen der Lokomotive, in dem die Kohle verbrannt wird. Die Rückreise genießen wir in einem Triebwagen, in dem wir die einzigen Fahrgäste sind.

Sachwissen: Harzer Schmalspurbahn

Diese nostalgische Eisenbahn ist ein Teil der Harzer Schmalspurbahnen (HSB). Mit einer Gesamtlänge über 140 Kilometern verfügt die HSB über das längste Schmalspur-Streckennetz in Deutschland. Seit 1991 fährt die Dampflok wieder regelmäßig auf den höchsten Gipfel des Harzes, den Brocken. Für den Zugverkehr auf den touristisch relevanten Strecken durch den Harz und auf den Brocken stehen der Schmalspurbahn 25 Dampflokomotiven zur Verfügung.

Sachwissen: Dampflok

Die Dampflokomotive ist eine Lok, die mithilfe von Wasserdampf angetrieben wird. Der heiße Dampf bewegt in einem Zylinder einen Kolben hin und her, der wiederum die Räder der Lok antreibt. Heizer und Lokomotivführer arbeiten vorne in der Lok. Der Heizer schaufelt Kohle aus dem Tender in den Feuerraum, die sogenannte Feuerbüchse, und sorgt dafür, dass immer genügend Wasser im Dampfkessel ist. Der Lokführer überwacht den Dampfdruck und regelt die Geschwindigkeit.

Rundum kreativ

Lokomotivräder – wie gedruckt

Material:

- Malpapier
- Bleistifte, Buntstifte
- Scheren
- Unterteller
- Deckel von Einmachgläsern
- Flüssige Farben, z. B. Fingerfarben
- Leere Papprollen von Toiletten- oder Küchenpapier
- Wattestäbchen
- Föhn

So malt man Räder: Deckel von Einmachgläsern mit dem Rand in Farbe tunken

Viele der Eindrücke unseres Ausflugs haben wir mit der Kamera festgehalten und die Fotos vergrößern lassen; sie dienen uns heute als Vorlagen. Obwohl die Kinder sich gut an die großen Lokomotivräder erinnern, die sie auf dem Bad Harzburger Bahnhof gesehen haben, sind die Fotos zur Unterstützung der kreativen Auseinandersetzung mit dem Thema sehr nützlich.

Einige Kinder stellen diese Lokomotivräder in unterschiedlichen künstlerischen Techniken dar. Zuerst zeichnen sie die Räder „aus dem Kopf", also so, wie es ihnen aus der Erinnerung möglich ist. Dann legen wir die Fotos auf den Boden; die Kinder können sich jetzt nicht nur die Bilder anschauen, sondern mithilfe von unterschiedlich großen „Tortenstücken" aus Kunststoffscheiben auch Kreise legen. Nach der eingehenden Beschäftigung mit der Form des Rades und seiner Aufteilung durch die Speichen setzen sich die Kinder an den Tisch und zeichnen zunächst die Räder mit Bleistift, um sie dann mit Buntstiften zu kolorieren. Damit die Kinder die Struktur eines Rades mit Speichen leichter darstellen können, erhalten sie aus Papier geschnittene Kreise, die sie mehrmals falten – auf diese Weise können sie sich leicht die Anordnung der Speichen vergegenwärtigen und den Mittelpunkt des Rades bestimmen.

Wir zeigen den Kindern auch, wie man Räder drucken kann: Auf einem Teller befindet sich rote Farbe; wir nehmen einen Deckel von einem Einmachglas und drücken den Deckelrand der Unterseite in die Farbe, dann stempeln wir mit dem Deckel Ringe auf den weißen Untergrund; das wiederholen wir, bis drei Ringe oder Räder in einer Reihe dargestellt sind (wie auf den Fotos abgebildet). Mit einer Papprolle von Toiletten- oder Küchenpapier stempeln sie dann die Radnabe und mit einem Wattestäbchen tupfen sie den Mittelpunkt der Räder. Sie trocknen ihre Bilder mit einem Föhn und zeichnen schließlich mit roten Buntstiften die Speichen in die Räder.

Räder malen für Fortgeschrittene
Lokomotivräder auf der Staffelei

Material:

- Fotos von Eisenbahn- oder Zugrädern
- Malpapier
- Fineliner (Filzstifte mit dünner Mine)
- Pinsel
- Flüssige Farben (vor allem Rot und Weiß)
- Föhn

Einige Kinder malen die großen Lokomotivräder jetzt auf der Staffelei. Bevor sie damit beginnen, setzen sie sich an den Tisch und sehen sich die Fotos der Räder genau an. Dann zeichnen sie sie mit einem Fineliner ab.
An der Staffelei ist grauer Fotokarton befestigt; Paletten mit weißer und roter Farbe liegen für die Kinder auch schon bereit, die sich jetzt nur noch Wasser in die Becher füllen müssen. Es wartet eine schwierige Aufgabe auf sie, denn sie wechseln von der kleinen Zeichnung zu einem großen Format. Wir helfen ihnen bei der Umsetzung und schlagen vor, mit dem mittleren Rad zu beginnen und es in die Mitte des Blattes zu setzen, dann können die anderen beiden Räder rechts und links platziert werden. Um den Kindern die Mitte des Blattes zu verdeutlichen, zeichnen wir mit einem nassen Pinsel einen Strich durch die Mitte, der zur Orientierung dient. Zuerst nehmen die Kinder weiße Farbe und malen den äußeren Rand der Räder. Sie trocknen ihn mit einem Föhn. Mit der roten Farbe malen sie den inneren Rand, die Nabe, die Speichen und zum Schluss das Gestänge.
Wir hängen die Bilder auf und erinnern die Kinder an die Ausflüge zum Bahnhof und die unternommene Fahrt mit der Harzer Schmalspurbahn sowie die Besichtigung der Lokomotive.

Der Zug macht „Tuuuut!"
Ein Fingerspiel für Eisenbahnfans

Der Zug hält an, ein Männlein steigt ein,
am Bahnhof muss man aufmerksam sein.

(mit dem Unterarm als Zug auf der Tischplatte oder dem Oberschenkel angefahren kommen, zwei Finger der anderen Hand sind das Männlein und steigen auf den Arm)

Der Zug fährt weiter, setzt euch hin,
im Zug, da gibt es Sitze drin.

(den Arm über den Tisch oder Oberschenkel bewegen)

Ein Tunnel kommt, der Zug macht „Tuuuut!",
das Signal hört man sehr gut.

(mit dem Arm unter der Achsel des anderen Arms durchfahren und dabei „Tuuuut!" rufen)

Der Zug macht halt, das Männlein steigt aus,
es geht den Rest zu Fuß nach Haus.

(den Arm auf dem Oberschenkel oder Tisch anhalten, mit der anderen Hand als Männlein davonlaufen)

3-D-Loks
Wachsmalfrottage einer Lok

Material:
- Strukturpapier
- Scheren
- Malpapier
- Klebestreifen oder Büroklammern zum Fixieren
- Wachsmalkreiden

Wir zeichnen den Kindern auf Strukturpapier eine Lok, die sie allein oder mit unserer Hilfe ausschneiden. Anschließend legen wir Zeichenpapier über das Motiv und fixieren es mit Klebestreifen oder Büroklammern, dann fahren die Kinder mit Wachsmalkreiden darüber und eine Lokomotive erscheint.

Aufgerissen
Eine Collage aus Zeitungspapier und Buntpapier

Material:
- Zeitungspapier
- Bunte Papierreste aller Art
- Bleistifte
- Radiergummis
- Malpapier
- Klebstoff

Zuerst reißen die Kinder Zeitungs- und Buntpapier in Stücke. Dann malen wir ihnen eine Lok von ca. 22 cm Länge auf, die größeren Kinder führen das allein aus. Anschließend bekleben sie die Lok – so entsteht ein kleines, ungewöhnliches Kunstwerk.

Alte und neue Schachteln
Ein Eisenbahnzug aus Schachteln

Material:
- Viele große und kleine Schachteln aus Pappe, Karton oder dünnem Holz
- Flüssige Farben
- Pinsel und Schwämmchen
- Pfeifenputzer

Wir sammeln einige Schachteln, die sich für die Herstellung eines Eisenbahnzuges eignen. Die Kinder bemalen sie. Eine etwas größere Schachtel stellt die Lokomotive dar, die anderen, kleineren sollen die Anhänger sein. Die Kinder verbinden die Wagen mit Pfeifenputzern.

Arbeiten mit Signalen
Schaffnerkellen aus runden Bierdeckeln

Die Kinder stellen aus Rundhölzern, Bierdeckeln und Papier Schaffnerkellen her. Zuerst wird der Bierdeckel auf einer Seite mit grünem, auf der anderen Seite mit rotem Tonpapier beklebt. In das Rundholz wird eine Ritze gesägt, in die der Bierdeckel gesteckt wird. Das Sägen übernehmen die Kinder unter Aufsicht selbst. Hierfür sollten Klemmblöcke zum Einklemmen der Stäbe zur Verfügung stehen. Fertig ist die bei Kindern so beliebte Kelle. Ein prima Spielmaterial für alle möglichen Eisenbahnspiele.

Material:
- Rundhölzer, Stäbe oder Stöckchen
- Bierdeckel
- Tonpapier in Rot und Grün
- Scheren
- Klebstoff
- Säge
- Klemmblöcke

Züge zum Essen
Eisenbahn – dieses Mal kulinarisch

Im Handel hat eine Kollegin Nudeln in Eisenbahnform entdeckt. „Mit Volldampf voraus" kochen wir mit den Kindern die Eisenbahnnudeln und lassen sie uns mit Tomatensoße schmecken.

Noch mehr Eisenbahn
Mitmachlieder und Singspiele

Mitmachlied im Morgenkreis

„Husch, husch, husch die Eisenbahn“

Die Kinder sitzen im Kreis auf ihren Stühlen. Ein Kind steht in der Mitte und wird von den anderen Kindern gefragt, wohin es fahren möchte. Es antwortet zum Beispiel: „Nach Italien.“
Dieses Kind führt nun die Eisenbahn an und läuft im Kreis herum, während alle Kinder die Strophe singen:

Husch, husch, husch die Eisenbahn,
wer will mit nach ... (Italien) fahr'n?
Alleine fahren mag ich nicht,
da nehm' ich mir die/den … mit.

In die letzte Zeile setzt das Kind in der Mitte den Namen des Kindes ein, das es mit nach „Italien“ nehmen möchte. Das genannte Kind fasst das erste Kind an den Schultern.

Nun wird das zweite Kind gefragt, wohin es fahren möchte. Es nennt ein Land oder einen Ort und gemeinsam laufen die zwei Kinder wieder los. In die Strophe wird nun das neue Land eingesetzt. So geht es weiter, bis alle Kinder „mitfahren“. Sobald das letzte Urlaubsland bereist wurde, kann man gemeinsam nach Hause fahren.

Husch, husch, husch die Eisenbahn,
wer will mit nach Hause fahr'n?
Alleine fahren mag ich nicht,
da nehm' ich mir die/den … mit.

Eisenbahnlied

„Der Schaffner hebt den Stab“

Ein Kinderlied, das in der ehemaligen DDR bekannt war, macht den Kindern richtig Spaß, denn es lässt sich sehr gut nachspielen und bietet viele Abenteuer in der Eisenbahn. Es stammt von Wilhelm Bender, einem deutschen Kirchen- und Glockenspielmusiker.

Der Schaffner hebt den Stab:
Jetzt fährt der D-Zug ab.
So fasst euch an, so fasst euch an,
wir fahren mit der Eisenbahn, der Eisenbahn.

Nun schnauf, Maschine, schnauf,
es geht den Berg hinauf.
So fasst euch an, so fasst euch an,
wir fahren mit der Eisenbahn, der Eisenbahn.

Der Kohlenwagen schwer,
der rumpelt hinterher.
So fasst …

Der zweite schleppts Gepäck,
die Koffer und die Säck.
So fasst …

Im dritten ist's bequem,
da fahr'n wir angenehm.
So fasst …

Der rote hinterdrein,
da schmeckt das Essen fein.
So fasst …

Im blauen seid fein still,
weil alles schlafen will.
So fasst ...

Jetzt kommt der letzte dran.
Ich winke, was ich kann.
So fasst …

Der Abschluss

Ein Ausflug nach Braunschweig

Eine Fahrt nach Braunschweig mit dem Besuch eines größeren Bahnhofs bildet den Abschluss unseres Projektes. Der Großvater eines Kindes arbeitet dort und ermöglicht uns eine Führung durch Technikräume und Werkstätten. Jeder muss sich zuerst eine gelbe Weste anziehen und dann geht es los: Wir lernen eine Zugwaschstraße kennen und eine Werkstatt mit beeindruckenden Gräben, in denen die Techniker unter dem Zug die Wartung und Kontrollen ausführen können. Jetzt wartet eine große Überraschung auf uns: Da wo Züge gewartet werden, steht ein Zug nur für unsere Gruppe, wir dürfen alle einsteigen und der Zug fährt ca. 1 km mit uns hin und zurück, aber es kommt noch besser: Alle Kinder dürfen ins Führerhaus und die Perspektive des Lokführers einnehmen!

Tschüss, Eisenbahn!
Unser Fazit

Unser Eisenbahnprojekt liegt nun bereits einige Monate zurück, aber wir stellen bei den Kindern, die daran teilgenommen haben, eine anhaltende Sensibilisierung für Fragen fest, die mit dem Projektthema zu tun haben. So registrieren wir etwa bei Ausflügen, wie aufmerksam die Kinder vorbeifahrende Züge wahrnehmen, die Schranken an einem Bahnübergang betrachten oder mit ihren Augen verfolgen, wohin die Gleise führen. All diese Eindrücke erinnern sie an das von ihnen so sehr geliebte Projekt.

Die Kinder haben nicht nur ihr Wissen erweitert, sondern sie bekamen viele Gelegenheiten, auch für sie ungewohnte Perspektiven einzunehmen. So haben sie zum Beispiel die Landschaft, vertraute Straßen und Bahnübergänge aus dem Zug heraus wahrgenommen oder konnten sich sogar in die Lage eines Lokführers versetzen.
Sie können heute ohne Weiteres Lokomotiven verschiedener Typen unterscheiden und haben schon Vorstellungen entwickelt, welcher Zug besonders schnell fährt oder sehr langsam ist. Obwohl in diesem Projekt Eisenbahnen im Vordergrund standen, interessierten sich die Kinder auch für angrenzende Dinge wie die Bahnhöfe mit ihren Gleisen und deren Nummerierungen.

So könnte Ihr Eisenbahn-Projekt weitergehen:

Eisenbahn-Rollenspiele:

Ein Kind ist Schaffner, ein anderes Fahrkartenkontrolleur, andere sind Fahrgäste mit vielen Fragen an das Zugpersonal. Da die Kinder sehr viele Kenntnisse gesammelt haben, können sie das Spiel selbst gestalten, Rollen verteilen und vielleicht eine kleine Aufführung machen.

Eisenbahnkunst für die jüngeren Kinder:

Eine Schablone aus Pappe in Form eines Eisenbahnzuges schneiden. Auf einen weißen oder farbigen Fotokarton legen und an der Unterseite mit Kreppklebeband befestigen. Jetzt können die Kinder mit einem in Farbe getauchten Schaumstoffroller darüberfahren. Die Schablone vorsichtig abnehmen.

Mode-Atelier:

Die Kinder entwerfen Koffer, Taschen und Rucksäcke, die sie selbst für Eisenbahnfahrten mitnehmen würden.

Eisenbahn-Polonaise:

Jedes Kind malt auf einem eigenen Malblatt einen Waggon für den Zug. Alle Waggons zusammen an einer großen Wand zu einem Zug aufhängen. Die Lok gestalten alle Kinder gemeinsam.

Hurra, es ist Herbst!

Ein Apfel-, Pflaumen- und Laub-Projekt

Der Herbst ist da und sorgt mit all seiner Farbenpracht, mit Äpfeln, Nüssen und Pflaumen für Freude. Für die Kinder ist es jedes Jahr wieder aufregend, durch Blätterhaufen zu stapfen, sie durcheinanderzuwirbeln, die bunten Blätter aufzulesen und sie mit in die Kita zu nehmen. Eicheln, Tannenzapfen, Bucheckern, Rosskastanien, Nüsse, Hagebutten und Äpfel gesellen sich dazu. Alle diese Schätze laden zum Basteln, Malen, Kochen und Backen ein. Zum Spätherbst gehört in unserer Kita auch der Brauch des „Laternegehens“, wir pflegen diese Tradition seit Jahren. Hierauf freuen sich die Kinder ganz besonders, denn jedes Kind kann sich eine Laterne nach seinen eigenen Vorstellungen gestalten.

Alles beginnt mit Äpfeln
Ein Ausflug zur Apfelernte

Wir bekommen von Eltern Äpfel geschenkt, worüber wir uns sehr freuen. Aber wo kommen die Äpfel her, wie erntet man sie? Damit die Kinder das selbst erleben können, fahren wir in ein Dorf, wo wir Äpfel pflücken können. Wir stellen jeweils zwei Leitern an einen Baum und ermöglichen den Kindern, das Obst selbst zu pflücken. Dass die selbst geernteten Äpfel den Kindern besonders gut schmecken, kann man sich vorstellen.

Ein Rezept malen
Kochen und backen mit unseren Äpfeln

Aus unseren Äpfeln kochen wir Apfelmus, das wir im Stuhlkreis mit Sahne essen. Damit geben sich die Kinder aber noch nicht zufrieden – sie möchten mit uns einen Apfelkuchen backen. Das Backen bereitet ihnen besonders viel Freude, schließlich sind es „ihre Äpfel", die hier verarbeitet werden. Die Kinder wünschen sich, das Rezept mit nach Hause nehmen zu können, deshalb drucken wir es ihnen aus und sie gestalten es mit detaillierten Zeichnungen.
Wie zeichnet man ein Rezept? Die Kinder haben dazu schon Ideen: Sie malen genau auf, welche Zutaten benötigt werden. Für vier Eier malen sie genau vier Eier unter das Rezept. Auch einen Ofen malen sie auf. Später ergänzen sie die Temperatur, bei der gebacken wird. Auf diese Weise machen sich die Kinder die einzelnen Schritte des Rezepts bildhaft bewusst. Rezeptplakate entstehen, die die Kinder mit nach Hause nehmen.

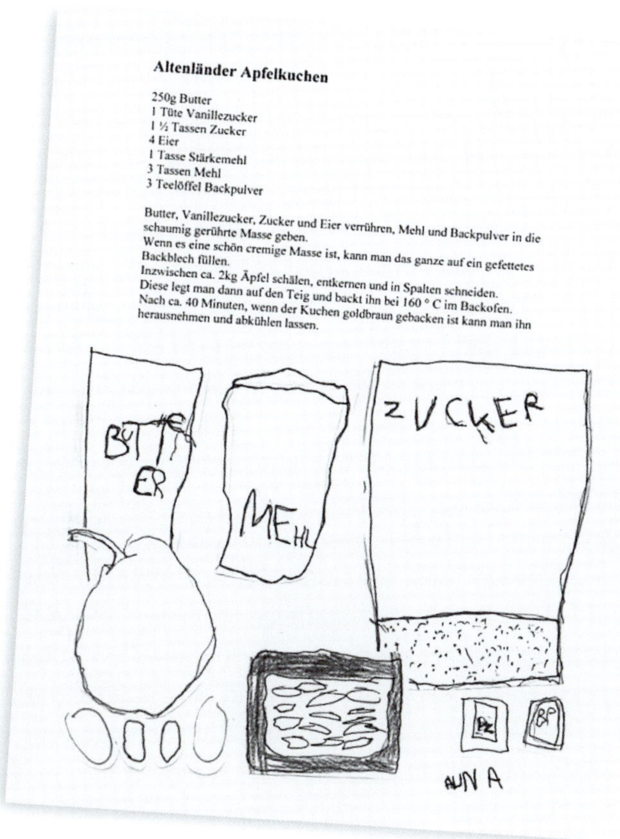

Altenländer Apfelkuchen

250g Butter
1 Tüte Vanillezucker
1 ½ Tassen Zucker
4 Eier
1 Tasse Stärkemehl
3 Tassen Mehl
3 Teelöffel Backpulver

Butter, Vanillezucker, Zucker und Eier verrühren, Mehl und Backpulver in die schaumig gerührte Masse geben.
Wenn es eine schön cremige Masse ist, kann man das ganze auf ein gefettetes Backblech füllen.
Inzwischen ca. 2kg Äpfel schälen, entkernen und in Spalten schneiden.
Diese legt man dann auf den Teig und backt ihn bei 160 ° C im Backofen.
Nach ca. 40 Minuten, wenn der Kuchen goldbraun gebacken ist kann man ihn herausnehmen und abkühlen lassen.

Rezept in Zeichenform: Die Kinder malen alle Zutaten auf, damit sie nichts vergessen

Besuch im Apfelhaus

Wo die Würmer wohnen

„In den Apfel hat der Maulwurf ein Loch gemacht. Da passt der Wurm rein, er kann sogar drin stehen."

(Mia)

Material:

- Äpfel
- Zeichenpapier (190 g/m²)
- Bleistift, Buntstifte
- Palette, Wasserbecher
- Gouache in den Farben Ultramarin, Zinnober, Zitronengelb und Ocker
- Lange Borstenpinsel in den Stärken 8 und 18
- Kreppklebeband

Einer unserer selbst geernteten Äpfel hat ein Loch, das ein Wurm hineingefressen hat, und der „Übeltäter" steckt sogar noch im Apfel. Das interessiert die Kinder und nach einigen Tagen schneiden wir für sie den Apfel auf, der Wurm ist jedoch verschwunden und gerade nicht zu Hause. Wir legen den aufgeschnittenen Apfel auf unseren Leuchttisch und sofort fangen die Kinder ein Gespräch über einen verschwundenen Wurm an: „Der ist weggelaufen." „Er ist weg, weil es ihm zu Hause nicht gefallen hat." „Ihm war unwohl oder es war ihm vielleicht zu dunkel im Apfel."

Dann legen wir einige Äpfel auf den Tisch, die die Kinder abzeichnen – sie beginnen mit dem Umriss und fügen dann andere Merkmale dazu. Einige Äpfel schneiden wir auf, sodass die Kinder nicht nur die Löcher in der Schale entdecken, sondern jetzt auch endlich die kleinen Würmer und deren Gänge in der Frucht betrachten können.

Nun kommt eine neue Herausforderung auf die Kinder zu: Sie wechseln von einem kleinen Zeichenformat auf ein großes. An der Staffelei haben wir DIN-A3-Blätter befestigt, darauf sollen die Kinder einen Apfel malen. Dazu bekommt jedes Kind eine Palette mit den Farben Ultramarin, Zinnober, Zitronengelb und Ocker sowie einen langen Pinsel. Da es nicht ganz leicht ist, von einem kleinen Format zu einem großen zu wechseln, zeigen wir ihnen, wie man am besten vorgeht. Die Kinder schauen aufmerksam zu und schaffen es dann selbstständig, einen großen Apfel zu malen. Sie mischen geschickt die Farben und tragen sie sorgfältig auf. Weil es ihnen so viel Freude bereitet hat, wollen sie unbedingt einen weiteren Apfel malen. Nun wissen sie, wie es geht, und machen sich selbstsicher ans Werk.

Noch mehr Herbst zum Essen und Malen
Zeit für Pflaumen

Material:
- Zeichenpapier
- Bleistift
- Moosgummi, etwa 8 x 4 cm
- Violette und rote Farbe (Fingerfarbe)
- Kleine Pinsel
- Packpapier
- Borstenpinsel
- Violette und rote Farbe (Gouache)
- Wasserbecher
- Kreppklebeband

oben: Pflaumen in Stempeltechnik
links: ein Apfel mit Wurm (Buntstift)

Pflaumen sind viel mehr als einfach nur Herbstfrüchte: Wir freuen uns über Pflaumen, die uns Eltern aus dem eigenen Garten schenken. Die schmecken nicht nur gut, sondern man kann daraus auch einen Pflaumenkuchen backen, mit den Kernen spielen oder sie für ein Ratespiel benutzen. Auch zum Sortieren nach Größen können die Pflaumen verwendet werden oder man kann sich künstlerisch mit diesem Steinobst auseinandersetzen.
Wir legen einige der blauvioletten Früchte auf den Tisch. Die Kinder möchten sie mit Bleistift abzeichnen und dann mit Buntstiften kolorieren. Sie machen eine Bleistiftzeichnung der Pflaumenumrisse und fügen die schmale Furche der Frucht als geschwungenen Strich in die Fläche ein.
Für einen Pflaumenstempel legen die Kinder ihre fertige Zeichnung direkt auf das Moosgummi und schraffieren auf der Rückseite des Blattes mit dem Bleistift über die Zeichnung, die auf diese Weise spiegelverkehrt auf das Moosgummi übertragen wird. Die Bleistiftkonturen auf dem Moosgummi werden mit einem spitzen Bleistift nachgezogen, um ein Relief der Pflaume zu erhalten. Mit Klebstoff befestigen die Kinder das Moosgummi auf Pappe – fertig ist der Stempel!

Auf einer Palette erhalten die Kinder nun Gouache in den Farben Violett und Primärrot, die sie vermischen, um dann mit einem Pinsel die Moosgummistempel einzufärben. Schließlich drücken sie die Stempel mehrere Male auf Packpapier: Die Früchte sind gut zu erkennen und beeindrucken durch die interessante Wiedergabe. Das Packpapier eignet sich sehr gut als Geschenk- und Schmuckpapier und wir lassen es sorgfältig trocknen. Riesige XXL-Pflaumen entstehen noch zusätzlich auf der Staffelei. Und noch immer haben die Kinder nicht genug von den Herbstfrüchten.

Herbst-Recycling
Spiele mit Pflaumenkernen

Die Pflaumenkerne heben wir auf. Wir waschen sie gemeinsam ab und lassen sie einige Tage in der Sonne und auf der Heizung trocknen. Danach malen die Kinder einen Teil der Kerne mit schwarzen Filzstiften an, der andere Teil bleibt gelb. Diese Kerne nutzen die Kinder als Spielsteine, beispielsweise beim Mühlespiel. Für Pflaumenrasseln füllen die Kinder die Kerne in Schachteln mit Deckeln.

Mein Pflaumenbaum
Eine schnelle Klanggeschichte für die Pflaumenkernrasseln

Mein Pflaumenbaum, mein Pflaumenbaum,
der regt sich nicht, bewegt sich kaum.

(Stille, niemand rasselt)

Kein Pfläumchen fällt ab, nur eines allein,
das wird nicht genug für 'nen Kuchen sein.

(nur einmal ganz kurz rasseln)

Da kommt der Herbstwind und rüttelt und weht,
dass die Luft durch die Äste vom Pflaumenbaum geht.

(das Pusten vom Herbstwind mit den Lippen und der Stimme nachmachen)

Und schwuppdiwupp, da fallen herunter,
die Pflaumen so lecker, so lustig und munter.
Juhu!

(laut rasseln und „Juhu!" rufen)

Warum Blätter Adern haben
Ein Leuchttisch-Experiment

Blätter können zwar nicht bluten, aber sie haben Adern. Das bemerken die Kinder, als sie Herbstblätter auf dem Leuchttisch anschauen. Besonders gut sieht man die teilweise spinnwebfeinen Äderchen bei welken Blättern, von denen nur noch ein „Gerippe" übrig geblieben ist. Wofür brauchen die Blätter denn die Adern? Und was fließt darin, wenn es kein Blut ist? In unseren Sachbüchern und im Internet erfahren wir es: In diesen Adern, die Blattnerven genannt werden, fließt tatsächlich etwas: Der Baum pumpt Wasser und Nährstoffe von der Wurzel durch den Stamm bis in die Blätter. Und umgekehrt wandert Stärke oder Zucker von den Blättern hinunter in die Wurzel. Die Blattnerven haben aber noch eine dritte Funktion: Sie verstärken und stützen das Blatt. Die Kinder bemerken dabei, dass es längs und parallel verlaufende Blattnerven gibt und gitterartig vernetzte Blattnerven. Welche Art von Blattnerven haben wohl die Blätter von Laubbäumen? Die Kinder testen das auf dem Leuchttisch: gitterartige Blattnerven.

Blätter können zwar nicht bluten, aber sie haben Adern: Der Leuchttisch bringt es ans Licht

Viele Farben in einem einzigen Blatt: Das möchten die Kinder nachmalen

Warum sich das Laub verfärbt und **wie das Gelb und Rot in die Blätter kommt**

„Warum ändern Blätter im Herbst ihre Farbe?" Amelie schlägt vor: „Weil das schöner ist und weil es keine Blumen mehr gibt, damit es bunt ist." Lukas meint: „Weil die kein Wasser kriegen, die trocknen aus und fallen runter oder alle Farben sind in einem Blatt und kommen dann heraus." Maria und Milena haben ebenfalls eine Idee: „Durch die Sonne werden sie bunt."

Sachwissen: Warum ist Herbstlaub bunt?

Blätter enthalten große Mengen des grünen Pflanzenfarbstoffes Chlorophyll und des gelben Karotins. Wenn die Blätter im Herbst abfallen, verschwindet das Chlorophyll und die gelbe Farbe wird sichtbar. Manchmal wird dann auch ein roter Pflanzenfarbstoff namens Anthocyan sichtbar, der die Blätter orangerot oder rot erscheinen lässt. Blätter, die nicht regelmäßig im Jahreslauf abfallen (immergrüne Blätter von Ilex oder Nadelbäumen), behalten dagegen ihr Chlorophyll.

Laterne laufen und den Herbst ausführen

Martinslaternen aus Herbstblättern

Material:

- Große Käseschachteln oder Pappböden und -deckel für Laternen
- Architektenpapier
- Gepresstes Herbstlaub
- Scheren
- Klebstoff
- Draht
- Eventuell Drahtzange
- Mini-Leuchtketten
- Batterien

Weil das Licht des Leuchttisches so schön durch die Blätter scheint, wünschen sich die Kinder eine Laterne aus Blättern. Ob das funktioniert? Zuerst pressen wir mit den Kindern viele verschiedene Herbstblätter. Dann bekommen die Kinder einen Bogen Architektenpapier, darauf kleben sie die Blätter. Als Laternenboden können die Kinder entweder leere Käseschachteln oder aus dem Bastelbedarf Laternendeckel nehmen. Rund um den Boden kleben die Kinder das Papier auf. Als oberen Rand nehmen sie einen Pappring und kleben das Papier daran fest. Dann werden zwei Löcher in den Pappring gebohrt, durch die der gebogene Draht geschoben und festgebogen wird. Auf diese Weise entsteht eine Laterne fürs Laternelaufen. Aber auch unsere Tische im Gruppenraum möchten wir mit Leuchtlaub verschönern. Darum stellen die Kinder kleinere Laternchen aus den Blättern und dem Architektenpapier her. Wir füllen sie mit batteriebetriebenen Mini-Leuchtketten. Und tatsächlich: Herbstlaub kann leuchten!

Lieblingsherbstlied der Kinder

Viele bunte Blätter

Nach der Melodie von „Alle meine Entchen" lässt sich dieses Herbstlied singen. Die Kinder mögen es besonders gern.

Viele bunte Blätter
Siehst du hier im Kreis,
Siehst du hier im Kreis.
Liegen da und träumen
Sind dabei ganz leis'.

Doch der Wind, er pustet,
Weckt die Blätter auf,
Weckt die Blätter auf.
Sie wirbeln durcheinander,
Stehen alle auf.

Viele bunte Blätter
Tanzen hin und her,
Tanzen hin und her.
Der wilde Wind, er pustet,
Die Blätter freu'n sich sehr.

Der Wind, er ist nun müde,
Zieht sich zurück nach Haus,
Zieht sich zurück nach Haus.
Die bunten Blätter schlafen,
Ruhen sich nun aus.

Laternenumzug und Herbstgenüsse

Abschluss und Fazit

Traditionell findet bei uns Anfang November unser Laternenumzug statt, auf den sich alle Kinder in der Kita freuen, denn hier kommen die selbst gebastelten Leuchtlaublaternen zum Einsatz. Mit dem Umzug, an dem sich auch die meisten Eltern beteiligen, endet dann auch unser Herbstprojekt. In diesem Projekt erkundeten die Kinder, wie ein Blatt von innen aussieht, aber auch, wie man Äpfel pflückt oder sie auf dem Wochenmarkt kauft und was man mit Äpfeln alles backen und kochen kann. Und ein weiteres typisches Herbstobst lernten die Kinder kennen: Pflaumen und Zwetschgen erfreuten nicht nur unseren Gaumen, sondern auch die Kinder beim Malen und Farbenmischen.

Das können die Kinder schon selbst: Äpfel auf dem Markt einkaufen

So könnte Ihr Herbst-Projekt weitergehen:

Braun:

Kastanien, Eicheln und Walnüsse haben eines gemeinsam: Sie sind braun. Diesen Farbton mischen die Kinder aus den drei Grundfarben Gelb, Rot und Blau. Dann zeichnen die Kinder große Kastanien, Eicheln und Walnüsse und malen sie braun an.

Kastanien-Atelier:

Die Kinder mischen aus schwarzer und roter Farbe einen Braunton an, der der Kastanie am nächsten ist. Mit einem dicken Stupfpinsel drücken sie braune Flecken auf einen Bogen Papier. Dann nehmen sie einen kleinen Stupfpinsel und drücken weiße Farbe in die Kastanie. So sehen die Kastanien sehr echt aus.

Sammeln, Sortieren, Fühlen:

Walnüsse, Eicheln, Bucheckern und Kastanien in einen Korb füllen. Die Kinder sortieren die Herbstfrüchte und füllen sie in flache Schachteln. Dann ordnen sie die Schachteln nach Größen an. Fühlproben und Handbäder in den Herbstfrüchten sind natürlich erlaubt. Fühlt sich ein Eichelbad anders an als ein Bad in den Bucheckern?

Winter- und Weihnachtszeit

Von Engeln, Schneeflocken und Raketen

Die zunehmende Dunkelheit und Kälte kündigen den Winter an. So kalt und dunkel es in dieser Jahreszeit auch ist, unsere Gruppenräume gestalten wir umso gemütlicher mit weihnachtlichen Dekorationen. Unser Adventskalender spielt in dieser Zeit eine große Rolle, durch das Öffnen der Türchen können die Kinder verfolgen, wann endlich Weihnachten ist. Wir schmücken unseren Gruppenraum mit einer Krippe und Holzfiguren, mit denen die Kinder auch gerne spielen.

Am Anfang unseres Winter- und Weihnachts-Projektes steht aber ein Ausflug zum Weihnachtsmarkt. Und dieser Ausflug bringt die Kinder auf eine Idee ...

Engel, Tiere und die Heilige Familie
Ein Ausflug zum Weihnachtsmarkt

Der traditionelle Weihnachtsmarkt in Goslar ist für Jung und Alt eine Attraktion, auch wir Erzieherinnen machen uns mit den Kindern auf und erkunden die zahlreichen Marktstände. Was aber die Kinder besonders anspricht, sind die Krippenfiguren an der Marktkirche, die nur in der Weihnachtszeit aufgestellt werden. Die detailreichen Tierfiguren, die Figuren der Heiligen Familie und die Engelsfiguren sprechen die Kinder so sehr an, dass sie am liebsten gleich mit ihnen spielen möchten. Und auch die Engel in der Krippe faszinieren die Kinder. Zurück in der Kita holen wir unsere Kunstbände hervor. Mit den Kindern betrachten wir Abbildungen von Maria mit dem Kind, der Weihnachtskrippe mit Ochs und Esel und natürlich von Engeln. Dabei beobachten wir, dass die Kinder von den Darstellungen dieser Szenen fasziniert sind. Sie interessieren sich für die besondere Kleidung, die Gesichtsausdrücke der dargestellten Figuren und das Ambiente, das um die Figuren herum gemalt ist.

Sachwissen: Engel in der Weihnachtszeit

In der Geburtsgeschichte Jesu (nach dem Lukasevangelium) kommt den Engeln eine besondere Rolle zu: Ein einzelner Engel verkündet den Hirten die Geburt des Messias, ein ganzer Chor von Engeln stimmt darauf das „Gloria in excelsis deo" an. Engel gelten in der christlichen Überlieferung als Boten Gottes (beispielsweise als Verkünder von Christi Geburt) und als Träger des göttlichen Lichts.

Wie man richtig gute Engel malt?

Einfach mal in eine Engelsrolle schlüpfen

Die Kinder möchten gern Engel zeichnen und malen, und zwar so wie die Renaissance-Maler. Sie interessieren sich vor allem für den Engel, der Maria die Geburt von Christus verkündet. Sie beginnen mit einer Bleistiftskizze nach einem selbst gewählten Kunstdruck als Vorlage. Doch noch hat die Zeichnung wenig Ähnlichkeit mit der Vorlage. Woran mag das liegen? Sehen sich die Kinder das Bild genau an, erkennen sie, dass die Engel in einer ungewohnten Haltung dargestellt sind. Wir schlagen den Kindern vor, die Haltung des Engels auf ihrem Kunstdruck einzunehmen. Das machen sie sofort und versuchen genau diese spezielle Haltung der Verkündigung nachzuahmen. Gar nicht so einfach. Wie fühlt man sich in dieser Haltung? Und was bedeutet das Wort „Verkündigung" denn überhaupt? Die Kinder denken darüber nach: Der Engel teilt wohl etwas sehr Wichtiges mit.

Auf großformatigem Papier zeichnen die Kinder erst mit Bleistift die Umrisse der Figuren, dann kolorieren sie diese mit Gouache. Für die prächtigen Gewänder der Engel verwenden die Kinder goldene Farbe, die wir fast nur zur Weihnachtszeit benutzen und die für die Kinder äußerst attraktiv ist. Es gelingt ihnen, die Haltung des Engels abzubilden, da sie die Körperhaltung selbst probiert und geübt haben. Konzentriert und in ihr Motiv versunken beenden die Kinder ihr Bild. Sie föhnen es trocken und malen anschließend mit Buntstiften feine Einzelheiten wie die Muster der Gewänder oder Nase, Augen und Mund in den Gesichtern.

Material:

- Bilder von Engelsdarstellungen
- DIN-A3-Zeichenpapier
- Bleistift, Buntstifte
- Verschiedene Gouache-Farben
- Goldene Farbe

Wenn man die Haltung des Engels auf dem Kunstwerk einnimmt, versteht man, was ausgedrückt werden will: Die Kinder stellen den Engel selbst nach

Engelsgleiche Musik
Noch mehr Besuch mit Flügeln

Wie hört es sich an, wenn Engel singen? Wir wählen dafür zwei einstimmige, nur von Frauen gesungene Choräle aus dem 4. Jahrhundert und ein Lied von Hildegard von Bingen für eine Frauenstimme, „O pastor animarum", aus dem 12. Jahrhundert aus. Die Gesänge hören sich engelsgleich an. Außerdem spielen wir den Kindern ein „Gloria" von Tomas Luis de Victoria aus dem 16. Jahrhundert vor, das von einem gemischten Chor interpretiert wird. Welche der ausgewählten Musikstücke klingen nach Engelsgesang? Wir verdunkeln den Raum, die Kinder setzen sich um den Tisch und schließen die Augen oder nehmen eine Haltung ein, in der sie sich gut konzentrieren können. Zuerst erklingen die zwei Frauenchöre, dann der gemischte Chor. Kaum hören die Kinder ihn, sagen sie, dass das keine Engelsstimmen sind. Die Kinder konzentrieren sich, sie wollen die Musik immer wieder hören und wir lassen die CD mehrmals laufen. Die Kinder sind einhellig der Meinung: Nur das Lied „O pastor animarum" wird von einem „Engel" gesungen.

Engel sind nicht nur eine Frage der Religion
Ein Gedicht für die Kinder

Engel stellen in vielen Religionen (nicht nur im Christentum) unter anderem Symbole der Liebe dar, sind Figuren, die Trost spenden und uns begleiten. Daran glauben auch viele Menschen, die keine religiöse Bindung haben. Für die Kinder haben wir das Gedicht „Abends, wenn ich schlafen geh" ausgesucht und mit ihnen aufgesagt. Sie empfanden es als tröstlich und beruhigend. Normalerweise kommen Kinder nicht oder eher selten mit dem Thema „Engel" und erst recht nicht mit religiöser Kunst der Renaissance-Zeit in Berührung. Auch für uns ist dieses Projekt darum eine neue Erfahrung, die wir wagen, weil uns das Interesse der Kinder wichtig ist.

Abends, wenn ich schlafen geh

Abends, wenn ich schlafen geh,
vierzehn Engel bei mir stehn:
zwei zu meiner Rechten,
zwei zu meiner Linken,
zwei zu meinen Häupten,
zwei zu meinen Füßen,
zweie, die mich decken,
zweie, die mich wecken,
zweie, die mich weisen
zu den himmlischen Paradeisen.

Adelheid Wette

Weben mit Goldbändern

Mein Advents-Webrahmen

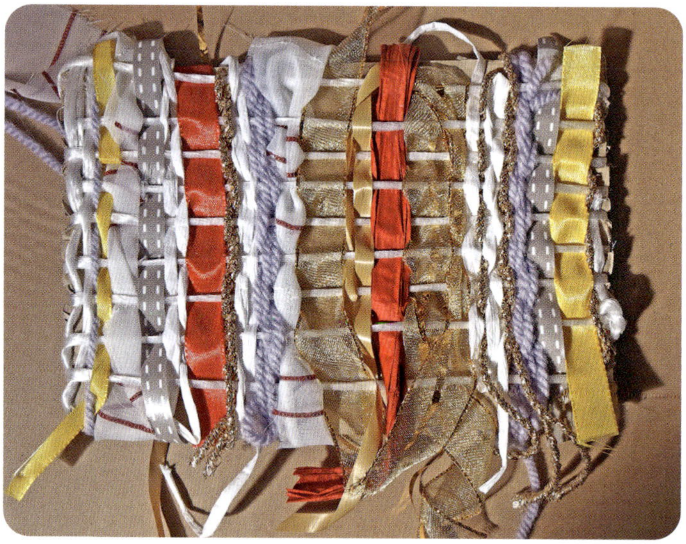

Material:

- Pappe oder Karton
- Paketband
- Bänder aller Art wie Geschenk- und Dekobänder, Wollfäden, in Streifen geschnittene Stoffe, Kordeln
- Schere
- Kreppklebeband

Die goldene Farbe, die den Kindern so gut gefallen hat, bringt uns auf die Idee, mit weihnachtlichen Bändern, die jetzt überall zu finden sind, ein nicht gegenständliches Bild zu gestalten. Wir nehmen Kartons und schneiden sie auf die Größe 21 x 15 cm zu. Aus den Pappkärtchen gestalten wir einen Rahmen. Selbstverständlich kann man den Karton auch kleiner oder größer zuschneiden. Die Ränder am Karton ritzen wir in Abständen von 1 cm ein. Durch die eingeritzten Ränder führen wir Paketband und wickeln es um die Pappe. Damit ist der kostenlose Rahmen auch schon fertig.

Wir bieten den Kindern eine große Auswahl an Bändern an, die wir gesammelt haben. Den jüngeren Kindern zeigen wir, wie man die Bänder einführt, damit die typische Webtechnik entsteht. Die überstehenden Bänder kann man abschneiden oder auf der Rückseite mit Kreppklebeband befestigen.

Farbige Geschenkbänder sind das Material für den selbst gebauten Webrahmen

„Am Himmel leuchten schon die Sterne“
Ein Mitmachgedicht

Ein bisschen Hilfe kann der Nikolaus schon gebrauchen.
In diesem kleinen Mitmachgedicht bekommt er sie. Die Kinder stehen am besten in einem lockeren Kreis.

Am Himmel leuchten schon die Sterne,
heller Glanz in weiter Ferne.

(die Arme heben, die Hände auf- und zumachen, um das Funkeln der Sterne darzustellen)

Ein Schlitten zischt durch Lüfte und Wipfel,
hoch über Bäumen und weit über die Gipfel.

(mit einem Arm das Zischen des Schlittens wie bei einem Flugzeug nachstellen)

Halt, lieber Nikolaus, nimm uns mit,
auf deinem Schlitten-Himmelsritt!

(mit beiden Armen winken)

Schnell steigen wir ein und rasen davon,
doch was ist das, halten wir schon?

(das Einsteigen pantomimisch darstellen)

Durch den Schornstein hinein, Geschenke gebracht,
dann geht es weiter durch die eisige Nacht.

(einmal in die Hocke gehen und wieder aufrecht hinstellen)

Am nächsten Haus das Gleiche schon wieder,
durch den Schornstein hinein, auf und nieder.

(wieder kurz in die Hocke gehen)

Das nächste Haus, wer hätt's gedacht,
der Nikolaus landet ganz leis und ganz sacht.

(in die Hocke gehen und sitzen bleiben)

An unserer Kita sind wir gelandet, zu Hause, juhu!
Nikolaus, jetzt lassen wir dir deine Ruh'!

(winken)

Am Himmel leuchten noch die Sterne,
wir winken dem Nikolaus ganz in der Ferne.

(das Sternenfunkeln wieder darstellen, dann winken)

Farben leuchten am Himmel

Ein Silvesterfeuerwerk malen

Es ist schon sehr spät, es knallt und am Himmel kann man außergewöhnliche Lichter beobachten. Was kann das sein? Als wir den Kindern diese Frage stellen, beantworten sie sie prompt: „Silvesterfeuerwerk." Nicht alle Kinder sind an Silvester aufgeblieben, aber sie versuchen sich vorzustellen, wie es gewesen sein könnte. Diejenigen, die das Spektakel miterlebt haben, schildern ihre Erlebnisse.
Silvester ist schön, aber es kann auch gefährlich werden. Haben die Kinder Angst gehabt? Leon: „Nein, am Anfang hatte ich Angst, zum Schluss nicht mehr. Als es so ... gemacht hat (Leon macht entsprechende Geräusche), da hatte ich Angst."

Die Kinder haben nun Gelegenheit, ihre Empfindungen, ihre Erlebnisse und ihre Vorstellungen von Silvester künstlerisch auszudrücken. Auf schwarzem Papier zeichnen sie mit Buntstiften die Silvesternacht mit dem Feuerwerk. Am nächsten Tag verdunkeln wir den Raum und versammeln uns um den Leuchttisch. Die Kinder haben gelbes und regenbogenfarbiges Transparentpapier, das sie nun zerreißen und durch die Luft wirbeln, als ob es kleine Raketen wären. Sie bedienen den Schalter und auf einmal leuchten die Farben des Transparentpapiers. Das gefällt ihnen und das Papier leuchtet fast so schön wie Silvesterraketen. Jedes Kind erhält nun eine Palette und sucht sich die Farben aus, mit denen es seine Silvesternacht mit Feuerwerk darstellen möchte. Auf der Staffelei steht schon schwarzer, großformatiger Fotokarton. Bevor die Kinder beginnen, zeigen wir ihnen, dass Farben strahlender leuchten, wenn sie eine weiße Grundierung erhalten, die mit einem Föhn getrocknet wird. Genauso machen es die Kinder: Sie tragen zuerst weiße Farbe auf und malen darauf mit den bunten Farben. Zum Schluss bekommen sie Wattestäbchen, mit denen sie Lichtpunkte auf ihr Bild tupfen, was ihnen große Freude bereitet.
Nachdem die Kinder ihre Bilder fertiggestellt haben, hängen wir sie gemeinsam auf; die kleinen Künstler setzen sich vor ihre Bilder. Jetzt fordert mich Leon auf, auch über Tiere zu sprechen, so wie er es im September erlebt hat, als wir über Muscheln und Hummer geredet haben. Er möchte wissen, was Tiere wohl am Silvesterabend gemacht haben. Melina hat zwei Kaninchen, sie weiß Bescheid: „Die haben ihre Pfoten an die Ohren gehalten, weil es so laut war." Isabelle ist der gleichen Meinung. Leon meint: „Fische haben das nicht gehört.

Es hat geschneit!
Wie malt man Schnee auf weißes Papier?

Material:
- Darstellungen von verschneiten Objekten
- Zeichenpapier
- DIN-A3-Zeichenpapier
- Bleistift
- Pinsel in der Stärke 4 und 6
- Dicke und dünne Borstenpinsel
- Gouache in verschiedenen Farben
- Weiße flüssige Farbe
- Wattestäbchen

Es hat geschneit, der Boden und auch Dächer, Bäume und Sträucher sind schneebedeckt. Die Welt sieht plötzlich ganz anders aus in ihrem weißen Outfit. Darum bekommen die Kinder heute die Aufgabe, eine Szene mit einem Haus, einem Baum, einem Strauch, einem Vogelhäuschen und einer Hundehütte, die alle schneebedeckt sind, zu zeichnen und zu malen. Die Kinder können sich aber auch etwas anderes ausdenken, was sie gerne im Zusammenhang mit Schnee darstellen wollen.

Die Kinder schauen aus dem Fenster und sehen sich die Umgebung an, außerdem haben wir einige Fotokopien von Abbildungen gemacht, auf denen ein eingeschneites Vogelhäuschen und ein großer Blumentopf zu sehen sind; ansonsten stellen wir ihnen noch ein Büchlein über heimische Tiere im Winter zur Verfügung. Fast alle Kinder zeichnen die Szene, die wir ihnen vorgeschlagen haben. Ihre Aufgabe besteht nun darin, den Schnee, der auf die Objekte gefallen ist, zu berücksichtigen, indem sie die Stellen auf dem Blatt weiß lassen. Dadurch, dass sie den Himmel blau kolorieren und die Farbe mit einem Pinsel um den Schnee verteilen, entsteht dann der Eindruck, dass die Häuser und Bäume mit Schnee bedeckt sind.

Nachdem die Kinder ihr Bild beendet haben, malen sie an der Staffelei auf großem, weißem Format eine ähnliche Szene. Auch hier gilt es wieder, den Schnee auf den Dächern, Büschen und Bäumen zu berücksichtigen. Als auch der Himmel gemalt ist, trocknen sie mit einem Föhn ihre Bilder, denn es geht gleich weiter: Wir nehmen die Bilder von der Staffelei und legen sie auf den Boden. Mit Wattestäbchen und weißer Farbe lassen die Kinder es „schneien". Sie lieben es, weiße Punkte auf den Himmel zu tupfen, und am liebsten würden sie gar nicht mehr damit aufhören.

Nachdem wir alle Bilder an der Pinnwand aufgehängt haben, fragen wir die Kinder, was sie gemalt haben. Johanna beginnt: „Ich habe den Schmetterling und einen Tannenbaum gemalt." Mattis: „Einen Busch, ein Haus, ein Vogelhaus, einen Tannenbaum und den Himmel." Dann fragen wir die Kinder, um welche Jahreszeit es sich auf den Bildern handelt. Sie rufen im Chor: „Winter, Schnee! Es ist Winter, weil da Schnee ist."

Was machen eigentlich die Tiere an Silvester?

„Waschbären verstecken sich in der Mülltonne und halten sich die Pfoten an die Ohren."

(Leon)

Schneeflöckchen-Spiel
Ein Bewegungsspiel für jeden Tag

Angeregt durch das Lied „Schneeflöckchen, Weißröckchen" denken die Kinder sich ein Spiel aus, das sie gern im Gruppenraum und, wenn es nicht zu kalt ist, auch draußen spielen können. Im Raum legen die Kinder zwei oder drei große Bogen Zeitungspapier oder große Kissen aus. Im Wald markieren die Kinder zwei oder drei entsprechend große Plätze mit Blättern. Während die Kinder die erste Strophe des Liedes singen, gehen oder laufen sie durch den Raum. Am Ende der ersten Strophe sucht sich jedes Kind einen Platz auf einem der Kissen oder Papiere. Hier müssen sich die Kinder ganz eng zusammendrängen, damit alle Schneeflöckchen draufpassen. Bei der nächsten Strophe wird eine Zeitung oder ein Kissen weggenommen. Schneeflöckchen, die nicht mit auf die Kissen passen, schmelzen und setzen aus, bis zum Schluss (Ende der dritten Strophe) nur noch ganz wenige Schneeflöckchen im Raum umherschweben.

Abschluss und Fazit
Weihnachten mit Gefühl

In diesem Winter ermöglichten wir es den Kindern, sich gestalterisch mit Weihnachten, Silvester und dem Schnee auseinanderzusetzen. Den Kindern gefiel es, ihren Gefühlen Ausdruck zu verleihen, nicht nur durch das Zeichnen und Malen, sondern auch dadurch, dass sie mit anderen Kindern über ihre Erlebnisse, Eindrücke und Emotionen sprechen zu konnten.

So könnte Ihr Winter-Projekt weitergehen:

Eine schneeweiße Fühlstraße:

Große Deckel aus Pappe (etwa von großen Schuhkartons) werden mit unterschiedlichen weißen, durchsichtigen und silbernen Materialien gefüllt oder ausgelegt: Wattebäusche, Ersatzbezüge für den „Staub-Blitz", Alufolie und Noppenfolie. Die Kinder gehen mit verbundenen Augen über die Fühlstraße, indem ein anderes Kind oder die pädagogische Fachkraft das Kind führt. Wie fühlt sich der Untergrund an?

Kerzen zum Leuchten bringen:

Eine Kerze mit Gouachefarben sieht leuchtend aus, wenn die Kinder für das Licht weiße Farbe aufmalen und sie trocknen lassen, dann wird die Flamme mit gelber Farbe auf die weiße Fläche gemalt – und der Eindruck eines Leuchtens entsteht.

Vogelhäuschen konstruieren:

Die Kinder bauen mit etwas Hilfe ein Vogelhäuschen, in dem sich die gefiederten Tiere wohlfühlen und wo das Futter vor anderen Tieren sicher ist. Das Häuschen können die Kinder anstatt es selbst zu bauen auch einfach nur malen und die Details für Futter und Absicherung genau einzeichnen. So entsteht eine Ausstellung von Kinderideen: Baupläne für Futterhäuschen, wie Vögel sie lieben.

IMPRESSUM

4. Auflage 2022
© 2018 Verlag Ernst Kaufmann, Lahr

Dieses Buch ist in der vorliegenden Form in Text und Bild urheberrechtlich geschützt. Jede Verwertung ist ohne Zustimmung des Verlags Ernst Kaufmann unzulässig und strafbar. Dies gilt insbesondere für Nachdrucke, Vervielfältigungen, Übersetzungen, Mikroverfilmungen und die Einspeicherung und Verarbeitung in elektronischen Systemen.

Texte
Monika Klages
Unter Mitwirkung von: Kathrin Berg, Mareike Brilz, Stefanie Brunke, Andrea Hartge-Broß, Anni Heyke, Susan Lekebusch, Mandy Lissel, Andrea Maibaum, Fanny Nickel, Sabine Rülke, Renate Schlender, Katharina Wendt, Monika Wolff

Illustrationen
Nadine Bougie,
Strichillustrationen: Created by Freepik,
S. 13: © nutart / Fotolia.com
S. 30: © yoriko katayama / Fotolia.com
S. 45: © brovkoserhii / Fotolia.com
S. 91: © Jan Engel / Fotolia.com

Fotos
Titelmotiv: © Billion Photos / Shutterstock.com
Projektfotos: Monika Klages,
S. 21: © berner51 / Fotolia.com
S. 22: © M. Schuppich / Fotolia.com
S. 48: © Incredible Arctic / Fotolia.com
S. 53: © outdoorsman / Fotolia.com
S. 60: © Wiltrud / Fotolia.com
S. 65: © coco / Fotolia.com
S. 67: © Romrodphoto / Shutterstock.com
S. 79: © Roman Samokhin / Fotolia.com

Gestaltung
Büro MAGENTA, Freiburg

Druck
ADverts Printing House

ISBN 978-3-7806-5118-1